Manual para detectar infidelidades

JOSÉ MARÍA CUESTA

Manual para detectar infidelidades

Arcopress · Sociedad actual
Edición: Alfonso Orti & Rosa García Perea
Corrección: Antonio García Rodríguez

www.editorialalmuzara.com
pedidos@almuzaralibros.com - info@almuzaralibros.com

Imprime: Gráficas La Paz

Editorial Almuzara
Parque Logístico de Córdoba. Ctra. Palma del Río, km 4
C/ 8, Nave L2, n.º 3. 14005, Córdoba

ISBN: 978-84-11313-64-3
Depósito legal: CO-1584-2022
Hecho e impreso en España - *Made and printed in Spain*

In memoriam

Luis Carlos Contreras, capitán del Ejército
español, criminólogo y detective privado,
amigo y mentor. Condecorado en diversas
ocasiones por el Ministerio del Interior.
Maestro que me proporcionó una formación
técnica y ética de la investigación privada.

Como verás, y aunque solo sea por esta vez, tengo razón.

Índice

Me porté como quien soy. / Como un gitano
legítimo. / Le regalé un costurero / grande, de
raso pajizo, / y no quise enamorarme
porque teniendo marido / me dijo que era
mozuela / cuando la llevaba al río.

«La casada infiel», *Romancero gitano*
Federico García Lorca

AVISOS IMPORTANTES

EL AUTOR DECLINA TODA RESPONSABILIDAD POR EL USO INADECUADO O ILEGAL DE LAS TÉCNICAS CONTENIDAS EN ESTE MANUAL.

EL DETECTIVE PRIVADO TIENE OBLIGACIÓN LEGAL DE RESERVA, DE CONFIDENCIALIDAD Y DE GUARDAR SECRETO, POR LO QUE, BAJO LA OBSERVACIÓN RIGUROSA DE ESTOS PRINCIPIOS, EN LAS HISTORIAS REALES QUE SE NARRAN SE HAN MODIFICADO NOMBRES, LUGARES O CUALQUIER OTRO DATO QUE PUEDA SER IDENTIFICATIVO DE LA PERSONA INVESTIGADA O EL CLIENTE.

EN NINGÚN CASO DEBE TRASPASAR LOS LIMITES LEGALES DE SU DEMARCACIÓN REALIZANDO UNA INVESTIGACIÓN DE CUALQUIER TIPO.

SI EN EL OBJETO DE UNA INVESTIGACIÓN DESCUBRE UN ACTO ILEGAL, ABANDONE LA INVESTIGACIÓN Y AVISE A LAS FUERZAS Y CUERPOS DE SEGURIDAD.

SI CREE ESTAR SUFRIENDO UNA INFIDELIDAD Y OBSERVA EN SÍ MISMO CUALQUIER ACTITUD O PENSAMIENTO AGRESIVO O VIOLENTO, PIDA AYUDA INMEDIATA A UN PROFESIONAL DE LA SALUD MENTAL.

Prólogo

«La vida no es como debería ser ni como nos gustaría, es como es». Esta frase, que llevo escrita a plomo en mi cabeza desde que empecé en este oficio hace ya treinta años, se ajusta como anillo al dedo al espíritu de este ensayo que ha conseguido cuadrar el círculo y, de paso, con certero pulso, convertir el tabú de la infidelidad en material literario de alta calidad.

Sí, se habla de perfiles de infieles, casos reales, planteamientos de investigación y, cómo no, de la figura del detective privado en España. Porque este ensayo escrito por mi buen amigo Pepe tiene un intencionado y marcado tinte social tratado desde la profesionalidad y la experiencia, y describe todas las herramientas necesarias para abordar una investigación desde un prisma analítico y estratégico. Y es también un sentido homenaje a los profesionales que hacen de la profesión de detective su modo de vida.

Por si fuera poco meritorio este cruce de guiños y referencias, se cuela entre las páginas un análisis de la infidelidad como factor criminológico. Saber de donde venimos nos dotará de los mejores conocimientos para saber a dónde dirigirnos.

«No hay peor verdad que quedarse con la duda». Me van a perdonar que siga con frases lapidarias más proclives a la novela negra que a un ensayo profesional, pero esta máxima de aplicación en cualquier ámbito cobra un sentido muy certero en el de nuestra profesión. Muchos son los agradecimientos que nos brindan los clientes al terminar una investigación, no sin antes confesarnos las reservas que albergaban para contratar a un detective por la mala prensa que a veces nos acompaña, algunas malas praxis (afortunadamente minoritarias en el cómputo total) y, en definitiva, una evidente falta de datos fidedignos.

Tengo que agradecer, como detective en ejercicio desde hace treinta años, que Pepe haya puesto un peldaño más desde la razón y la experiencia para que la sociedad conozca nuestra profesión, nuestra vocación, en la que priman el rigor y las pruebas (no se debe esperar otra cosa de todo detective privado que se precie) por encima del corporativismo, la loa gratuita o el victimismo estéril.

Detrás de la figura del detective (o dándole sentido a esta) está la necesidad o el anhelo de saber más. «El conocimiento es poder». Y el poder conlleva una gran responsabilidad.

RAFAEL GUERRERO
Detective privado y escritor

Preámbulo

Los más puristas pensarán que sería necesario empezar por especificar o acotar qué es la infidelidad, extremo este harto complejo y que no voy siquiera a pretender. De igual forma, no voy a analizar la etimología del vocablo o su definición en la RAE, no es este mi propósito. El concepto general está muy claro, pero el particular depende mucho de cada persona, y cada cual tiene unos límites —muy respetables— a este respecto. Unos besos furtivos, una conversación fuera de tono, un determinado acto sexual. ¿Cuál es el tuyo?

Cuando comencé a investigar infidelidades de forma profesional, no encontré ninguna guía sobre el tema. Como suele decirse, había mucho escrito, pero poco definido. Retazos aquí y allá, textos sueltos y breves, algunas pinceladas, nada más. Con el transcurso de los años, el panorama no ha cambiado. A pesar de ser un fenómeno pandémico y transversal en la mayoría de las sociedades, no existe ningún compendio, ningún manual básico que trate la investigación de la promiscuidad, o, de existir, no lo he localizado. Ese vacío es el que pretendo llenar desde mis experiencias, que son un buen punto de partida.

¿A quién va dirigida esta obra? Por descontado, a todo aquel que por cualquier circunstancia quiera leerla. Yo mismo me sorprendo a veces leyendo algo que *a priori* no tiene nada que ver conmigo. Pero, en sentido estricto, su público objetivo pienso que serían tres tipos de personas:

—Detectives noveles. Tuve el privilegio de estudiar en la Universidad de Alicante, de la que guardo gratos recuerdos y amistades sinceras. Además de esto, pude complementar mi formación práctica con un detective veterano —al que va dedicada esta obra—. Este manual no puede sustituir eso, pero puede ser de ayuda para las nuevas hornadas de detectives que se enfrenten a sus primeros asuntos y no cuenten con un compañero experimentado que les guíe en sus primeros pasos.

—Personas que sospechen que están sufriendo una infidelidad. Para que no se sientan solos, para que vean que es un fenómeno global e intemporal, para poder comprender mejor lo que les está ocurriendo y actuar de manera más certera.

—Y por supuesto, infieles que no quieran ser pillados *in fraganti*, sin olvidar que, si el cántaro va muchas veces a la fuente, acabará por romperse.

Me dispongo a contaros mis experiencias como detective privado en España durante las dos primeras décadas de este siglo, y de forma más concreta, las relacionadas con un asunto tan prosaico y sórdido como la investigación de la infidelidad. Expondré de forma sintética los tipos de infiel que he podido catalogar, casos reales —con la debida observancia a la obligación ética y legal de confidencialidad a la que me debo— y, por supuesto, las técnicas necesarias para su investigación, declinando cualquier responsabilidad derivada del uso indebido por carecer de habilitación oficial para llevarlas a cabo o por mal uso de estas.

Estas vivencias, que me llegaron forma súbita, de sopetón, me acarrearon problemas en el plano personal. Y serios. Quizá mi juventud, o más bien mi carácter bien pensante acompañado de mi ingenuidad, no fue coraza suficiente para ver de cerca tal cúmulo de traición, engaño y ruindad. Y ojo, por todas las partes implicadas, incluido yo mismo, lo que hacía más grave el asunto. Por unos años, que no recuerdo con especial cariño, en mi concepción del mundo el lobo de Hobbes pesó más en la balanza que el buen salvaje de Rousseau.

Si decide continuar leyendo, acomódese. Abra su mente para escuchar las historias y técnicas que estoy ansioso por contarle. Son historias desgarradoras, historias basadas en vidas reales, y no hay nada más seductor que la vida misma. Es indiferente que sea fiel o infiel, que le hayan sido infiel o no. Las estadísticas que he consultado, por si le sirven de consuelo, arrojan que entre un treinta y un sesenta por ciento de las personas confiesa haber tenido algún desliz sexual. A estas cifras habría que añadir aquellos que prefieren reservarse para sí mismos tan íntimo dato. Como bien decía mi abuelo Antonio: «De dinero y castidad, la mitad de la mitad».

CERO DRAMAS

Una infidelidad es una cuestión que atenta de forma directa contra nuestra esfera personal, y estas cuestiones no son fáciles de gestionar para casi nadie. Es un ataque directo a nuestro corazón o a nuestro ego, dependiendo de cada caso. Lo que he aprendido a lo largo de estos años es que puede ser un infierno o un purgatorio, dependiendo de la forma en la que nos enfrentemos a ello, y que, en muchas ocasiones, a la postre, se convierte en un genuino paraíso.

La historia está plagada de infidelidades. Desde los Reyes Católicos hasta Isabel II de España, Frida Kahlo, Einstein, John F. Kennedy... por no hablar de Hollywood y su famosa alfombra roja, por la que la fidelidad es una de las cualidades que menos suelen transitar. Famosa y escandalosa a partes iguales fue la cometida por el presidente norteamericano Bill Clinton con una becaria de la Casa Blanca, Mónica Lewinsky. Un escándalo político-sexual que estalló en mil novecientos noventa y ocho y nos trajo la que es, posiblemente, la felación más famosa de la historia contemporánea. Ocupó los noticieros de todo el mundo durante varios días. Hoy, sin duda, hubiese sido *trending topic* y génesis de miles de memes. El vestido azul manchado de semen presidencial dio la vuelta al mundo.

Desde el punto de vista de la biología, la ciencia no se pone de acuerdo. No sabemos si la monogamia debe ser considerada la conducta natural del ser humano, amén de lo que los usos culturales procuren pretender. No podemos tampoco obviar u olvidar que en pleno siglo XXI existen sociedades en las que la infidelidad es un delito tipificado y castigado con penas severas que pueden llegar a la muerte.

George Peter Murdock, acreditado sociólogo y antropólogo norteamericano del siglo XX, analizó ochocientas sesenta y dos sociedades, y de estas, el ochenta y tres por ciento eran polígamas o poliándricas (cuatro sociedades de este último tipo, creo que es justo puntualizarlo). Es curioso observar cómo, en las sociedades con más individuos y más avanzadas, impera la monogamia. ¿Es la monogamia positiva para el desarrollo de una sociedad? O, dicho de otra forma, ¿la sociedad moderna empuja a que sus miembros sean monógamos como una forma de autoprotección?

Manuel Lucas Matheu, médico experto en sexología, presidente de la Sociedad Española de Intervención en Sexología y experto en el tema, declaró que «somos monógamos porque somos pobres». Nada de genética o naturaleza: la monogamia, en su docta opinión, es un tema crematístico.

El concepto de pareja y de matrimonio ha sufrido profundos cambios en los dos últimos siglos. Empezó como una unión económica, un mero reparto de tareas en el que cada miembro de la pareja tenía sus funciones bien definidas. Una forma de salir adelante en esta vida. En esos tiempos, la infidelidad era cosa de las clases sociales más altas. Luego surgió el amor romántico, de forma especial en Occidente, y el matrimonio se convirtió en algo más que una empresa. Pero no nos engañemos, no es algo de siempre, y su impregnación a todas las clases sociales puede datarse en los años veinte del siglo pasado.

La realidad es que la infidelidad es algo pretérito y universal, algo que no entiende de credos políticos o religiosos, de sexo, de género o de orientaciones sexuales. Incluso el físico y el nivel económico son indiferentes. La infidelidad está al alcance de cualquier tipología corporal, de cualquier bolsillo. Podemos considerarla muy democrática en todos los sentidos.

¿Tiene el amor fecha de caducidad? Sí, o eso dicen las estadísticas. La duración media de los matrimonios en España (datos del Instituto Nacional de Estadística, 2020) es de dieciséis años y medio. De cada diez matrimonios, siete acaban en ruptura (Instituto de Política Familiar, 2015). En el resto de Europa, los índices son similares a los expresados. En el lado opuesto tenemos a Latinoamérica, probablemente por factores sociales y religiosos, que va desde el tres por ciento de divorcios en Chile, el país con menor índice, al veintisiete por ciento en Panamá o Brasil.

El concepto romántico de la pareja no es empresa fácil y las perspectivas no son muy halagüeñas. La sociedad está cambiando. Antiguos factores de control social como la religión o el matrimonio han perdido fuelle y el auge de las redes sociales ha abierto al mundo un auténtico mercado de la carne, un mercado de posibilidades sexuales y relaciones efímeras al alcance de un clic. Amor de usar y tirar.

Para mí, la pregunta sería: ¿cómo debemos enfocar ser víctimas de una infidelidad? Esta es la pregunta del millón. Podemos encontrar tantas respuestas como personas. Muy importante sería analizar el origen de esa infidelidad. No voy a considerar las infidelidades por venganza o las llamadas «dobles vidas», pues no las considero infidelidades, son otra cosa distinta. Me he encontrado clientes que lo han perdonado, que le han otorgado una importancia relativa. Una señora me contaba que, al fin y al cabo, lo que puede ocurrir entre dos personas y una cama es algo tan concreto como insignificante. He tenido clientes que han cortado por lo sano, clientes que han dado segundas y terceras y hasta cuartas oportunidades, y clientes que han acompañado a sus infieles parejas a tratamiento psicológico. Es una pregunta difícil de contestar y a la que yo, desde luego, no me veo capacitado para dar respuesta. Dicho esto, sí me atrevo a dar algunos consejos basados en mi experiencia profesional.

¿La situación le está desbordando? ¿Siente ansiedad? ¿Pensamientos limitantes, repetitivos o violentos? Busque cuanto antes ayuda psicológica. Le dará las herramientas necesarias para enfocar la situación de modo adecuado desde el punto de vista emocional. No podemos obviar que la infidelidad mal encauzada es un aspecto criminógeno relevante.

En función del tipo de relación que tenga con su pareja, puede necesitar asesoramiento jurídico. En cada país, el divorcio tiene un tratamiento distinto. Un letrado experto en asuntos de familia me decía que, en general, los países cuyo ordenamiento jurídico está basado en el derecho romano serán más laxos sobre este particular, hasta el punto de que la infidelidad sea inocua a nivel judicial, como es el caso de España; y, en aquellos con base anglosajona, esta podrá acarrear al infiel la pérdida de casi todos los derechos adquiridos en las nupcias, si bien es cierto que en esta última década la situación parece estar igualándose de forma paulatina.

1. No lo comente con nadie. Una fuga de información es letal en cualquier tipo de investigación.

2. Compórtese con naturalidad ante su pareja. No debe sospechar nada o la investigación se puede complicar hasta tornarse inviable.

3. En ningún caso traspase los límites legales. Las consecuencias pueden ser muy graves, muy superiores a los problemas que puede plantear una infidelidad en sí.

4. Como recomendación general, debe tomar distancia de la situación para pensar con claridad, no adoptar decisiones precipitadas o sin vuelta atrás sin sopesarlas lo suficiente, no mostrar sus cartas y no acusar sin pruebas.

5. Si es necesario, cuente con los profesionales que, llegado el caso y según sus circunstancias, pueden ser sus mejores aliados: psicólogos, abogados y detectives privados.

TIPOS DE INFIELES.
CASOS REALES

La clasificación que voy a exponer está basada en cerca de dos décadas de experiencia profesional. No pretende ser una clasificación científica, dogmática, cerrada, exhaustiva o inamovible, y solo responde a las tipologías a las que me he enfrentado o que de algún modo he sabido detectar en el ejercicio de mi profesión.

Por ética profesional y obligación legal, los nombres de personas, ciudades, o cualquier otro detalle que pueda llegar a ser identificativo de las personas —cliente o investigado— participantes, se han modificado en la redacción de los *casos reales*, de forma que cualquier parecido con la realidad ha de considerarse pura coincidencia.

CAZADOR

El *cazador* es como un cocinero que no come. Un cocinero que disfruta comprando en el mercado los mejores ingredientes de temporada. Su cocina es su templo. En tan sacro lugar prepara, con un esmero casi patológico, todos los ingredientes; los lava, los corta, los pela, los tritura, los mima y acicala hasta que están listos para ser cocinados, revisando cada detalle por nimio que este sea, pero nunca, nunca, se sienta a la mesa. Así es el cazador. Disfruta seleccionando a sus presas, acechándolas, preparando el escenario hasta que su trofeo esté listo para abandonarse en manos de su captor, y en ese justo momento las desecha de un plumazo, las trata como a simples despojos y comienza de nuevo su ciclo, seleccionando nuevas presas a las que dar caza.

Este es el único tipo de infiel al que me he enfrentado que ha estado formado solo por hombres, lo que no quiere decir que no sea posible que haya féminas entre sus filas, pero, como expongo en el preámbulo del libro, estas letras están basadas en mis vivencias.

Con la popularización de las redes sociales —las aplicaciones de citas, el submundo virtual, en definitiva— se acuñó el término «ghosting» para definir la práctica de la persona que, tras establecer una relación personal, desaparece, se esfuma sin dejar rastro. Pero este concepto era bien conocido, desde siempre, en las agencias de detectives. No han sido pocas las consultas relacionadas con estas actitudes. Recuerdo una señora que acudió a nosotros con una fotografía, en papel (antes, las fotografías en papel eran muy frecuentes, por extraño que resulte), en la que aparecía un señor, con las manos ennegrecidas de grasa, al volante de una carretilla elevadora. La señora nos dijo que era su novio, un importante arquitecto de la zona norte de España, y que había desaparecido justo cuando se disponía a visitarla en el sur. La señora estaba francamente preocupada por la seguridad de su amor. Llevaba días sin saber nada de él... y, de él, nunca más se supo.

El treinta de abril de 2022 leía una noticia en el periódico *La Vanguardia* que me revolvía las tripas, y disculpen la expresión, pero, como verán, no es para menos. Un chico de Tenerife había viajado cerca de seis mil kilómetros para encontrarse con una persona con la que llevaba hablando tres años. Tres años de su vida manteniendo una relación especial con alguien. Una persona a la que le había contado su día a día, sus proyectos, sus ilusiones. ¿Cuántos *buenos días* y *buenas noches* hay en tres años? El caso es que el joven, que ilusionado había volado hasta Miami, al llegar allí se encontró como antes de llegar, solo. Su *partenaire* virtual no apareció, aparte de bloquearlo en todas las aplicaciones y redes sociales.

CASO REAL

Era una señora en toda la extensión de la palabra. Si no peinaba canas era por los tratamientos a los que sometía su cabello. Culta, bien situada, con formación universitaria, de trato agradable, buena presencia y conversación fluida e interesante.

Presentó su situación de forma irreprochable. Había comenzado relaciones con un apuesto señor —casi uno noventa de estatura—, manifestó con orgullo la clienta. Se lo había presentado una conocida. Había sido militar, pero, por un problema en la visión, se había visto obligado a renunciar a la carrera castrense, y dedicaba sus días a cultivar las más nobles artes: pintura, poesía y música. Todo iba de maravilla; de hecho, incluso habían proyectado un viaje de unos días, donde por fin se conocerían e incluso compartirían —de una vez, pues era muy respetuoso— lecho. Pero el apuesto señor, como por arte de magia, había desaparecido.

Cuando comenzamos a preguntar por el informado[1], fue curioso, incluso para ella misma, ver cómo no disponía de los datos más elementales. No conocía su domicilio, solo la localidad donde supuestamente residía. Tampoco conocía su nombre completo, el nombre de pila y el primer apellido, un primer apellido tan frecuente en España como las setas en otoño. Tampoco tenía fotografía de este. Sí sabía que conducía un Audi, ¿o era un Mercedes? No estaba del todo segura, no entendía mucho de coches. Negro sí era, eso seguro.

En el siglo pasado, uno de los servicios que los detectives prestaban de manera fre-

---

1   Informado/informada: Forma habitual en la que el detective se refiere a la persona objeto de una investigación en curso.

cuente eran los denominados «informes prematrimoniales», donde la familia se interesaba por conocer la vida y milagros del futuro esposo o esposa de su vástago, pero este tipo de servicios cayeron poco a poco en desuso. De esta forma lo tratamos nosotros, si bien en este caso la clienta era la novia y el novio estaba literalmente, al menos ante sus ojos, desaparecido.

Entre los pocos datos facilitados por la clienta, hubo uno fundamental, la llave que nos permitió tener un hilo del que tirar: el número de teléfono. Buceando durante horas por la red —puede parecer elemental, pero hay que saber hacerlo— dimos con el tipo, y menudo tipo. El militar retirado por problemas de visión resultó ser un vendedor de lotería; muy posiblemente no había hecho siquiera el servicio militar. Buena planta sí tenía, había que reconocerlo: un auténtico *dandy*. Residía a más de doscientos kilómetros de donde había contado a su «novia». Realizamos algunas pesquisas en su localidad. Tenía fama de buen hombre, nunca se le había conocido esposa o novia, y menos, hijos. Vivió siempre con su madre. Hubo algún vecino que hasta nos dejó entrever que igual «le gustaba más la carne que el pescado». Localizamos anuncios recientes en revistas de contactos; el cazador volvía a la caza: «Señor culto y educado, con buena presencia, busca señora de las mismas características para establecer relación seria…».

Elaboramos el informe y se lo presentamos a la clienta. No pudo evitar que alguna fugaz lágrima acariciara sus mejillas.

—¿Le pidió dinero?

—Jamás —contestó la clienta—. Ni siquiera me permitió que le invitara nunca.

Viajé con la clienta a la localidad donde residía el señor. Ella lo vio con sus propios ojos vendiendo lotería. Pude advertir cierto alivio en su mirada, incluso algo de cariño.

—¿Quiere hablar con él?

—Ya he hablado todo lo que tenía que hablar con este señor; vámonos, por favor.

Y así acabó este asunto turbio y difícil de describir. ¿Cuántas presas más cazaría? Como detective, acabé el servicio, pero a nivel personal fueron muchos los interrogantes sin resolver, uno de los cuales resultaba capital y se repetiría en multitud de asuntos: «¿Por qué?».

EL FANTASMA DE LAS NAVIDADES PASADAS

Quién no ha leído o visto alguna adaptación cinematográfica de *Cuento de Navidad* (*A Christmas Carol*), del fabuloso novelista británico Charles Dickens. Si no lo ha hecho, lo más razonable sería que dejara esta obra en suspenso y disfrutara de la literatura de Dickens.

Igual que en el cuento, en la vida hay ocasiones en las que el Fantasma de las Navidades Pasadas regresa para atormentarnos, sin necesidad de que seamos tipos despreciables y avaros o de que nos encontremos en Navidad. Por continuar con los símiles literarios, sería como si las célebres oscuras golondrinas de Bécquer, por arte de birlibirloque, regresaran arrepentidas tras años de ausencia, reclamando lo que otrora fueran sus condominios. Ya sabrá a lo que me refiero: antiguos amores. Y luego hay quien dice que agua pasada no mueve molinos.

Con el paso del tiempo, la mente suele despreciar los aspectos desagradables de la existencia y guardar los armoniosos y acertados a buen recaudo, lo que, junto con el devastador poder destructivo de la rutina, hace el tándem perfecto para que esto ocurra, por más que el final no suela ser, según mi experiencia, «fueron felices y comieron perdices».

Ese día llovía a cántaros. Agradecí poder realizar el servicio en coche, sin necesidad de pasar penurias. Tuve suerte y conseguí un buen lugar para esperar a que el informado abandonara su trabajo, una dependencia de la Administración General del Estado.

Pasados unos quince minutos de las tres de la tarde, el investigado salía por la puerta de su oficina y, paraguas en mano, daba una pequeña carrera hasta su coche. Los días de lluvia, como casi todo en esta vida, tienen sus ventajas y sus desventajas para hacer un seguimiento. La ventaja: el investigado está más pendiente de la conducción y menos del entorno. La desventaja: el foco de las cámaras hay que ponerlo en modo manual, para evitar grabar o fotografiar las gotas de lluvia resbalando sobre la luna del coche. El buen señor estuvo unos minutos en el interior del vehículo antes de arrancar. Parecía hablar por teléfono y acicalarse el pelo frente al espejo retrovisor. Este simple hecho me indicó que el seguimiento sería fructífero.

Dejó atrás la localidad y condujo casi una hora. La baja velocidad dificultó el seguimiento, pues casi íbamos generando un atasco por la autovía. En su nuevo destino, esta vez de forma más ágil, transitó hasta el aparcamiento de un centro comercial. Justo a la entrada del aparcamiento, la suerte pareció darme la espalda; el vigilante de seguridad me hizo bajar a una planta distinta a la que había entrado el informado. Horas de trabajo tiradas a la basura, o quizá no; tenía que intentarlo. Aparqué lo antes que me fue posible y accedí a la galería comercial. Había gente por todos lados y el número de comercios parecía interminable. Después de patearme cada rincón y no localizar al informado, acepté la derrota y regrese al coche, pero antes pasaría —por gusto— y verificaría al menos si su vehículo continuaba estacionado.

Anduve casi veinte minutos hasta localizarlo y… ¡sorpresa! La suerte, tan esquiva en tantas ocasiones, se mostró solícita conmigo. El informado, en el interior del coche, se besaba de forma tierna y pausada con una señora rubia que vestía un uniforme negro. Me alejé unos metros, activé mi pequeña videocámara y grabé un par de minutos; para qué más, hay que intentar conservar la elegancia. Me alejé unos metros adicionales sin dejar de observar el vehículo, a la espera de novedades. Las novedades tardaron casi veinte minutos. La señora bajó del coche y caminó hasta las escaleras mecánicas. Tendría cuarenta y largos y su rostro me recordó al de una famosa y atractiva actriz, icono sexual de los noventa y protagonista del filme *Nueve semanas y media*, que fue una auténtica revolución. Vestía minifalda y chaqueta negra y se repasaba el lápiz de labios con aire distraído. Un lápiz de labios rojo como la pasión que había vivido hacía unos instantes. Era obvio que trabajaba en algún comercio del centro comercial, saludaba a otros dependientes al pasar por las tiendas. Al fin entró en una perfumería, una de estas cadenas de productos de cosmética y perfumería que tienen presencia en toda España. Solo me faltaba conocer su nombre. Me decidí a visitar el comercio y compré un bote de colonia, una colonia fresca con toque cítricos que me encanta, Álvarez Gómez, y por supuesto me dirigí a ella para que me cobrara el producto. Enigma resuelto: se llamaba Verónica, lucía su nombre en la solapa de la chaqueta. Estuve tentado de entablar conversación con ella, pero, por innecesario y hasta inapropiado, decidí no hacerlo.

Me quedé obnubilado observando las gotas de agua resbalar por la amplia cristalera de la cafetería, pero el camarero se encargó de sacarme de mi ensoñación, con un cantarín: «¿Qué va a ser?». Llamé por teléfono al cliente, cosa que no suelo hacer y desaconsejo siempre; la información se facilita cuando el servicio se ha acabado, nunca antes, pero acostumbro a saltarme mis propios consejos. La clienta se mostró más enojada que triste —«... No me lo diga, una chica que se parece a Kim Basinger, ¿verdad?...»—. Según me contó, Verónica fue un antiguo amor de su marido, uno de estos amores de la adolescencia que dejan marca, y con mayor o menor frecuencia habían tenido contacto a lo largo de los años. «... Esta vez se lo va a quedar para siempre, se lo regalo...».

Años más tarde, me encontré a la clienta en un baratillo benéfico. Estaba radiante. El enfado y las preocupaciones amorosas, mientras se sufren, dejan huella en el rostro. Había rehecho su vida, pero «él en su casa y yo en la mía», y su exmarido andaba con una chica algo más joven que él; al parecer, «la Basinger no lo aguantó más de unos meses, eso lo sabía yo...».

OPORTUNISTA

En este saco podemos incluirnos casi todos los mortales. Es un perfil «no profesional». No existe premeditación; simplemente, un día se da la circunstancia correcta y se pulsa la tecla equivocada o correcta, imagino que según cuándo y quién la mire.

No es un perfil unívoco, es un conjunto de perfiles diversos, perfiles a los que la infidelidad les pilla algo lejos. Podríamos hablar de una infidelidad accidental, donde suelen estar presentes algunos de estos factores: consumo de alcohol u otras sustancias que desinhiben la conducta, ambiente festivo y encontrarse fuera del lugar de residencia habitual.

CASO REAL

Tenemos que trasladarnos a un frío trece de diciembre. El escenario, un lugar de la Mancha de cuyo nombre no quiero acordarme, y no es por falta de memoria —en esta ocasión—, es la obligada confidencialidad. Sí recuerdo que fue un servicio duro, de muchas horas a pie soportando un frío helador y una llovizna tan tenue como constante.

El operativo contó con tres detectives, dos a pie (entre los que me encontraba) y un tercero en motocicleta, para prever la posibilidad de que la informada se marchara en algún vehículo. ¿Por qué a pie? Porque era previsible que la totalidad del seguimiento transcurriera a pie.

Ese día se celebraba la comida de Navidad de la empresa. No era la primera comida de Navidad que, digamos, «supervisaba», ni sería la última, aunque quizá sí una de las más sorprendentes.

La informada acudió al restaurante en solitario. Dentro se reuniría con una treintena de compañeros. Recuerdo su olor. Era una fragancia agradable, a jazmines. Un olor sencillo, pero nada vulgar. Cuando la informada pasó junto a mí, me giré levemente, sin aspavientos. Era una señora atractiva, de pelo rizado y cuerpo estilizado, realzado aún más por el un ceñido vestido negro, acompañado de un abrigo gris profundo. Miré a mi compañero. No sería fácil de seguir. Su estatura, discreta, y los colores de su ropa no nos lo pondrían fácil.

Seis horas más tarde, la informada y sus compañeros de trabajo continuaban en el restaurante. Fuera, alejados lo suficiente de la puerta como para no levantar sospechas innecesarias, esperábamos pacientes. ¿Nuestros pies? Igual que nuestra cara o nuestras manos, helados.

Pasadas las nueve, por fin había movimiento. El grupo abandonaba el restaurante y paseaba por el centro de la localidad, sin dirección conocida. Se respiraba buen ambiente entre ellos: risas, gesticulaciones excesivas y algún arrumaco. El consumo de alcohol ya había hecho sus efectos. La informada charlaba animada con una compañera. Avisamos a nuestro colega motorizado.

—¿Miguel? Atento, por favor, han abandonado el restaurante.

Unos minutos después, los miembros del grupo guardaban su turno para acceder a una discoteca. «Perfecto», pensé. El frío se quedaría en la calle. Mi compañero y yo nos unimos a la espera.

El local estaba a tope. Me llamó la atención la tapicería de terciopelo negro que vestían las butacas y la parte exterior de las barras, les daba una imagen muy ochentera; así como un fuerte olor a ambientador, el mismo ambientador que se utilizaba en las salas de cine que visitaba en la infancia. La informada dejó el abrigo en el guardarropa, lo que indicaba que la cosa iría para largo. El grupo se atomizó en el interior; unos optaron por sentarse y otros, entre los que se encontraba nuestra chica, se fueron a la pista de baile.

Las horas pasaban y el grupo se fue disolviendo hasta quedar la informada y una compañera. Conversaban de forma divertida con dos jóvenes, con claras muestras de embriaguez por parte de los cuatro, nada que destacar. Nada que destacar hasta que la informada se desplazó con uno de los jóvenes a una parte más íntima y sombría del local. Tomaron asiento en unos taburetes, junto a una pequeña barra desatendida. En esos momentos se produjo un cambio cualitativo en su conversación.

Comenzaron las palabras susurradas al oído, las caricias furtivas, las risas tontas. La situación subía de tono. El joven se quitó el jersey cereza que llevaba puesto y lo dejó sobre sus piernas. La informada se acercó un poco más al muchacho e introdujo la mano por debajo del jersey, y la escena se volvió, por decirlo de alguna manera, algo más festiva. La informada, por los vívidos movimientos de su mano oculta bajo el jersey, parecía estar tocando la zambomba[2]. El muchacho, extasiado con la música de tal instrumento, intentaba besarla, pero los besos no estaban dentro del repertorio. El concierto se prolongó por unos minutos y tuvo un final bastante feliz —enardecido sería más apropiado—.

Cuando la informada se despidió del joven, este intentó besarla de nuevo, pero ella se negó nuevamente. Anduvo hasta el guardarropa, recogió su abrigo gris profundo y se marchó mientras hacía una llamada. Abandonó, tambaleante, el local y se quedó unos minutos en la puerta hasta que su marido —nuestro cliente— la recogió en coche. Para él sí hubo beso.

---

2   Zambomba: Instrumento musical de fricción y de origen español, utilizado en la península ibérica y Latinoamérica, de forma especial en villancicos, aguinaldos y música tradicional. Recibe diferentes denominaciones, como simbomba, pandorga, runcho, marrana, furruco...

«IN LOVE»

Y apareció el amor. Hizo acto de presencia, así, como surgido de la nada. Como las primeras florecillas en primavera, sin buscarse, casi sin querer, pero tan real como una calurosa noche de verano. Todo muy natural, muy tierno, pero con un pequeño problema: ¿Cómo se lo explico a mi pareja?

Este tipo de suceso que comienza como una infidelidad puede acabar con un cambio en la vida de muchas personas. Los enamorados casi siempre están dispuestos a soltar amarras, dejar puerto atrás y navegar hacia nuevos horizontes, por brava que se muestre la mar, caiga quien caiga. Es cierto que otras veces, tras soltar amarras, retornan a puerto desatendiendo los cantos de la sirena o el sireno (permítanme que omita «sirene») de turno. Llegados a este punto, debemos valorar si merece la pena oponerse al curso natural de las cosas, o hacerlo todo de la forma menos lesiva y dolorosa posible. No es cómodo nadar durante mucho tiempo contra corriente. Tampoco es que me incline por no luchar por el ser amado, hasta los límites que la dignidad nos permita, pero esta situación pesará en un futuro como una magnífica y enorme losa de hormigón.

El cliente concertó una cita en el despacho. No tenía buen aspecto, la preocupación aparecía en su rostro como un sombrío velo. Contó que daba posada desde hacía semanas a un familiar y a la esposa de este, llegados desde el extranjero a España en busca de mejor fortuna. Tras el paso de los días, observaba que la relación entre este y su mujer iba cambiando hasta tal punto de sentirse incómodo en su propia casa. Miradas furtivas, charlas demasiado animadas... Tal vez fuera solo su delirante imaginación, pero sospechaba que algo extraño se estaba cociendo en su hogar.

Enfocamos el asunto y propusimos poner un pequeño «cebo» en el anzuelo. No siempre es posible, pero en este caso las condiciones eran idóneas. Esto abarataría el servicio, siempre que el pez mordiera dicho anzuelo. Nuestro cliente había quedado en acompañar a su familiar a una visita médica y se organizó todo para que fuera la mujer de nuestro cliente la que finalmente lo acompañara.

Llegó el día del servicio. En principio, nada fuera de lo normal. La informada condujo hasta un polígono industrial y estacionó en el aparcamiento de la macroclínica en la que se mantendría la visita médica. El familiar abandonó el coche y regresó casi una hora después. Caminaba sonriente, pletórico. Volvió a ocupar el asiento del acompañante y conversó de modo locuaz con la informada. Esta sonreía y ponía ojitos. A los pocos minutos se comían el uno al otro como adolescentes, como si el mundo fuera acabar ese mismo día, y, de alguna forma, el mundo que ellos habían conocido ciertamente acabó.

Después de devorarse a besos durante innumerables minutos, emprendieron la marcha, pero no en dirección al domicilio: parecían buscar algo, algo que al final encontraron. Un lugar solitario donde estacionar el coche. Pasaron a los asientos de atrás y pasaron de los besos a consumar su amor, en la extensión más plena y carnal de la palabra. La informada se quitó las braguitas y se sentó sobre el «familiar». Lamento ser tan explícito, pero los amplios ventanales del vehículo, un todoterreno de alta gama, no dejaban espacio alguno a la imaginación. Poseída por un sensual y ardiente espíritu, bailó sobre él a un ritmo frenético, como marcada por el furioso son de los tambores de una ancestral tribu africana. Antes de que acabara la función, y con muestra videográfica más que suficiente, di por concluido el servicio. Poco más que fuera del interés del cliente podía pasar ya.

Llegó el día D y la hora H. El duro momento de informar y entregar el informe y la prueba videográfica al cliente. Repaso el momento en mi memoria y lo que más recuerdo es lo duro que me resultó. Le avisé de que el contenido del vídeo era explícito, muy muy muy explícito, pero este decidió verlo. Me marché, lo dejé solo en el despacho. «Volveré en quince minutos». Encendí un cigarro y tiré de la puerta de la oficina. Bajé los escalones de desgastado mármol sin prisa y no pude evitar ponerme en la piel del cliente: había grabado para él un trocito de lo que sería su particular infierno. Nunca olvidaría esas imágenes, de eso estaba seguro.

Transcurridas unas semanas, llamó a la agencia para darnos las gracias. Nos dijo que ella y él estaban enamorados y que habían decidido acabar con sus actuales matrimonios para emprender una nueva vida, juntos. Lo que más me sorprendió de este asunto fue la actitud razonable del cliente: «Lo entiendo. El amor es así, llega sin avisar y donde menos te lo esperas. Lo único que deseo, después de la que han liado, es que sean felices».

TROCADOR TRUNCADO

Trocador, según define la RAE, es el «que trueca algo por otra cosa». Al parecer, el trueque comenzó en el Neolítico. Consistía en un intercambio de bienes o servicios por otros bienes o servicios.

Este concepto podemos trasladarlo, salvando las distancias, a las relaciones humanas y, más concretamente, a las relaciones sexuales entre humanos. En principio no debe haber mayor problema, pero hay veces en que ese trueque se trunca, porque no se respetan las reglas del contrato inicial. Contrato que, por cierto, se denomina «permuta».

Se conocen como «parejas liberales» y, como la mayoría de ustedes sabrán, consisten en un intercambio de parejas para practicar sexo. No debemos confundir este concepto con «parejas abiertas», «poliamor» u otros similares.

Estas parejas entran en contacto por varios medios: los digitales, como páginas web dedicadas a estos menesteres (basta con teclear en Google «parejas liberales») y los físicos, conocidos como «clubs liberales». Al amparo de estas tendencias, como en casi todo, también hay quien hace de esto legítimo negocio.

¿Qué es lo que suele truncar el trueque? Romper las reglas iniciales del juego. Si es un intercambio de parejas, tienen que intervenir ambos, o al menos estar al tanto de tal negocio; de lo contrario, no es un trueque, es otra cosa.

Pollo frito. El aroma a pollo frito es lo que me viene de forma inmediata a la cabeza cuando escucho o leo algo relacionado con el intercambio de parejas, o cuando inusitadamente me vienen recuerdos de este servicio. La mente humana es así de caprichosa, y olores y recuerdos están íntimamente ligados.

El cliente era una mujer de mediana edad. Empresaria exitosa, con el carácter firme que suelen tener los empresarios de éxito. Culta, atractiva, madre de familia y esposa. Fue mi primer servicio en este campo, del que, para ser sincero, no tenía ningún conocimiento previo.

La señora me explicó la situación con bastante frialdad. Hacía años que, junto con su marido, practicaba el intercambio de parejas. Lo hacían de varias formas, y siempre fuera de su entorno, no solo por no darle publicidad, sino también para evitar complicaciones. A veces acudían a clubs liberales de otras provincias, en algunos de ellos tenían un trato ya familiar, de amistad. Otras veces contactaban con otros interesados por páginas de contactos y organizaban «quedadas» en algún punto agradable de la costa. Alquilaban un apartamento entre todos y pasaban varios días.

No todo era coyunda: había conversación, anécdotas, playa, gastronomía... Entonces, ¿dónde estaba el problema?

El problema —cito de manera textual— es que «el imbécil de mi marido está rompiendo las reglas. No todo vale, ¿sabes?», me dice mi mandante con una mirada azul ya menos fría. Sospechaba que su marido se había encelado con una chica francesa —«más joven [que ella], pero más fea»— y temía que incluso pudiera estar en peligro la supervivencia de su pareja y, por ende, de su familia.

—Una cosa es divertirse y otra echar por tierra veinte años.

Mi cliente tenía todo planeado, cosa que a mí siempre me ha fastidiado. «El detective soy yo, déjeme asesorarle». No sé cuántas veces habré repetido esta frase, casi las mismas que he tenido que pasar por el aro, no sin antes advertir que quizás no sería la mejor inversión.

Ahora viene lo del pollo frito. Mi cliente y su pareja se trasladaban un fin de semana fuera de la ciudad y pasarían el sábado tarde por un club liberal, de cierto renombre en la zona. La señora me propuso que los acompañara. Imaginarán el tipo de acompañamiento al que se refería, el que un detective puede hacer mejor; anónimo, ausente, invisible. Técnicamente, una contravigilancia. Sería una muy buena ocasión para identificar a la chica francesa.

Llegué el día de antes. El club se encontraba dentro de un complejo comercial abierto; tiendas y restaurantes a lo largo de varias plantas. Imperaba un olor a pollo frito imposible de ignorar. Tomé asiento en una terraza estratégica, desde la cual observaba la entrada al club y varios restaurantes. Miré el reloj: las siete de la tarde. Pedí una cerveza y esperé, por decirlo de alguna forma, ya que la clienta no llegaría con su marido hasta el día siguiente. Mi presencia allí era solo para empaparme de la idiosincrasia del lugar. Con las primeras pinceladas de la noche, los restaurantes comenzaron a llenarse. Había gente de todo tipo, parejas y grupos de amigos; gente de campo y de ciudad. En la mesa de enfrente, tres jóvenes fornidos, con vaqueros ajustados y botas de chúpame la punta. Algo descamisados, bronceados y con ornamentos de plata. Empecé mi juego. ¿Adivinaría quién iría al club después de cenar? Concluí que los jóvenes irían de cabeza. Un poco más al fondo, dos mesas ocupadas por una pareja cada una. La pareja de la mesa del fondo, de cuarenta y tantos largos, casi no hablaba entre sí. Casi ni se miraban. La señora llevaba un vestido sencillo y fresco, azul pálido, con zapatos vainilla y bolso a juego. Su complexión era generosa y una melena rojiza y rizada, junto con el carmín de sus labios, la hacía bastante agradable. El caballero fumaba de forma compulsiva. Vestía una levita cruda y un pantalón color tierra, y su pelo negro salpicado de canas, peinado hacia atrás con brillantina. Esa pareja era pudiente; reloj y zapatos, sobre todo estos últimos, nunca mienten. No parecían felices en exceso. Tampoco es que parecieran tristes, solo apagados, mustios. Veredicto: irían al club. La otra pareja, la de la mesa junto al ventanal, era harina de otro costal. Algo más jóvenes, pero ya en la cuarentena. No paraban de reír, de manera algo ruidosa para mi gusto, dicho sea de paso. Ambos con vaqueros y camiseta. Algún tatuaje, algún *piercing*. Gente de calle. ¿Carne de club? Y así, una larga retahíla de amigos, parejas, tipos solitarios…

A las 22:00 horas, el club abrió sus puertas. El portero era un tipo «grande», pero de aspecto amigable y coleta reluciente, nada de malas pulgas. Y el paseíllo comenzó… ¿Qué creen que pasó con las personas que he descrito? ¿Se atreven a jugar conmigo? ¡Pleno! Todos acabaron allí. Me quedé hasta las dos de la mañana y empecé a entender un poco el negocio del club. A los chicos que iban solos o en grupo les cobraban entrada. A las parejas o a las chicas, que alguna de estas entró sola, no. Lo que pasó dentro solo les importa a los que atravesaron esa puerta.

Al día siguiente me llamó la clienta. Me preguntó qué me había parecido —ni bien ni mal, la verdad, pues hacía años que las cosas ya no me parecían—. Ella llegaría por la noche con su marido y otra pareja. La otra chica sería la francesa.

A las 22:30 horas reconocí, accediendo al club, a mi clienta, a pesar de estar algo cambiada con respecto al día en que mantuvimos la cita. Su marido era tal y como me lo había imaginado. La otra pareja la formaban la chica francesa, una treintañera delgadita con melena castaña y lisa, y su acompañante, algo mayor que ella, pero que no dejaba de ser un chico joven.

A las 01:20 de la madrugada, la clienta me envió un WhatsApp: «Salimos». Las dos parejas salieron del club juntas, pero como si no se conocieran; pronto, cada una tiró para un lado. Yo seguí a la chica francesa y a su acompañante. Se pararon a unos metros del club y se fumaron un cigarro. El chico le dio dos besos, casi con desgana, y se esfumó. Ella tomó asiento en un Alfa Romeo reluciente, color verde aceituna, y emprendió la marcha sin prisa.

Pude alcanzarla en la autovía, gracias a su elegante forma de conducir. Me llevó al distrito financiero de la ciudad. Edificios altos y grises, salpicados con la pizca de color que añadían algún comercio y algún restaurante de lujo. Accedió al aparcamiento de un edificio con aire modernista y yo aguardé fuera, esperando tener un poco de suerte y ver cuál era su domicilio exacto. En siete minutos, la suerte apareció; pude ver a la chica francesa tras una ventana. Fumaba otro cigarrillo y echaba unas cortinas grises, tan grises como esa zona de la ciudad.

Ya de regreso, mantuve una segunda reunión con la cliente, con la idea de definir el servicio. Tenía todo organizado, cosa que no me sorprendía en absoluto.

—Mi marido se marcha el fin de semana a Madrid, a una feria profesional. Lo iba a acompañar, pero le voy a dejar campo libre, a ver si apareciera la francesita.

Me parecía algo precipitado, pero no iba a discutir con ella; eran su dinero y su marido, y además, ese fin de semana lo tenía libre. Le pregunté si tenía idea de dónde se alojaría. Me miró con cierto aire de extrañeza y me contestó que por supuesto que sabía dónde iba a alojarse: había reservado la habitación ella misma.

Llegó el fin de semana. El cliente no llevaba coche, por lo que tendría que tirar de taxi o de Uber. Yo, por mi parte, había alquilado una motocicleta. El hotel estaba situado en plena calle Goya de Madrid. Había sido un golpe de suerte, pocas cosas me gustan más que patear Madrid. El tiempo acompañaba, cerca de treinta grados y un sol espectacular. Mi cliente me había escrito por WhatsApp que su marido estaba ya en el hotel, que saldría sobre las doce de la mañana. Para variar, me senté en un velador desde el que veía la puerta del hotel, y, para continuar variando, esperé.

Cerca de la una del mediodía, el informado abandonó el hotel. Su pelo, negro y engominado, brillaba como el azabache, pero su sonrisa brillaba aún más. Salió del hotel sin prisa. Miró a un lado y a otro y empezó a caminar. Hablaba por teléfono a través de unos auriculares inalámbricos, y la verdad es que lucía pletórico. Caminando, pasó junto a mí, y dejó tras de sí un rastro de perfume tan intenso que pensé que podría seguirlo incluso con los ojos cerrados.

Caminamos hasta el Parque del Retiro. El informado observaba embelesado cada rincón, intercalando cigarros y conversaciones telefónicas. El sol, espectacular, comenzaba a convertirse en un sol de justicia, pero a mi investigado parecía importarle más bien poco y continuaba con su caminata. Se detuvo unos minutos junto al Palacio de Cristal, e incluso se lanzó e hizo un par de fotografías. Cruzado casi todo el Retiro varias veces, decidió —por fin— sentarse en un banco, junto a la fuente del Ángel Caído. Yo hice lo propio, tomé asiento con la suficiente distancia y saqué la videocámara para grabar al informado. Comencé con un plano amplio, recogiendo la fuente y el entorno, y fui cerrando hasta llegar al banco donde se había sentado. Justo cuando iba a cortar la grabación, ¡sorpresa! Apareció la chica francesa. Ni aposta, grabé una secuencia digna de un director de cine. La chica había cambiado el estilo, rizando su melena castaña y aclarándola a un tono rubio ceniza que contrastaba con el vestido de algodón rojo bermellón, muy veraniego y adecuado para el calor sofocante. El informado se levantó y se marcharon juntos, cogidos de la mano.

Cruzaron el Retiro. Mi intuición es que llevaban tiempo viéndose, eso se nota, pero eso no se lo trasladé a la clienta. Un detective no debe plasmar intuiciones en un informe, debe plasmar hechos, y si es posible, respaldados con imágenes o pruebas de otro tipo. Llegaron hasta la plaza de la Independencia y tomaron asiento en una terraza con vistas a la Puerta de Alcalá y bastante buena pinta. El local tenía un nombre egipcio que no alcanzo a recordar, y su decoración me sorprendió. Ellos seguían a lo suyo, con sus manos entrelazadas y dialogando serenamente.

Tomaron un combinado granizado, seguramente a base de vino tinto, gaseosa, y algún toque de licor. Comieron de forma ligera y, de la misma forma que llegaron, se marcharon, pero esta vez directos al hotel de calle Goya.

Revisé mis grabaciones; tenía material de sobra. Me preparé para llamar a la clienta, carecía de sentido continuar ni un minuto más con el servicio. Cuando le trasladé las novedades, se puso hecha un basilisco. Intentó teledirigirme de nuevo, pero me negué; nada nuevo conseguiría con un día más de investigación. Se despidió dándome las gracias y diciéndome, entre algunas risas: «Dejémosle que disfrute, que cuando venga se va a enterar...». Ignoro si el informado disfrutó, pero yo al día siguiente sí que lo hice, con algo tan simple como caminar y respirar Madrid.

IMAGINARIO

El infiel imaginario ha estado y está a la orden del día. Me atrevería a decir que cualquier despacho de detectives con una experiencia media cuenta con varios expedientes en este sentido.

¿Cómo es el infiel imaginario? Básicamente, fiel. En este caso, la infidelidad está solo en la cabeza de su pareja. La *celotipia* o síndrome de Otelo es un trastorno psicológico que se caracteriza por la idea obsesiva de que la pareja le está siendo infiel. Las personas con esta tendencia se ven incapaces de utilizar la lógica en lo que a su pareja se refiere, y padecen un sufrimiento atroz con la situación. Estos pensamientos no están basados en indicio alguno y carecen de cualquier base documental o testifical.

CASO REAL

Cristina era una señora de mediana edad, rondaría los sesenta años. Cuando tienes cerca de cincuenta años, sesenta es mediana edad, permitidme la puntualización. Regentaba un negocio junto a su marido, un negocio que les proporcionaba una posición más que acomodada.

No quiso concertar una cita en el despacho, pues no quería que nadie la pudiera ver entrar o salir de él; todas las precauciones eran pocas. Esta posición o precaución la adoptan algunos clientes, me era familiar y no me extrañó en absoluto.

Concertamos la entrevista en la cafetería de un concurrido centro comercial. La cita transcurrió con normalidad. Me contó, angustiada y con detalle, las posibles infidelidades de su marido. Infidelidades que ocurrían, según pensaba, cuando el marido iba a entregar el material que proveían a sus clientes, si bien carecía de cualquier prueba. Ahí entraba yo.

El servicio no se planteaba fácil. El buen señor pasaba casi toda la semana en ruta, y los seguimientos, mientras más prolongados son, más posibilidades tienen de ser detectados. Los detectives no somos invisibles (frase robada a mi buen amigo y colega Manuel), aunque casi. Le planteé tres días de investigación: si los extremos que me aseguraba la clienta eran ciertos, serían más que suficientes.

El día anterior al inicio del servicio, coloqué una baliza GPS en el vehículo de la pareja, con la finalidad de poder «darle aire»[3] al informado en el seguimiento por carretera. Y la fiesta comenzó.

Durante los tres días de seguimiento, el informado se limitó a hacer su trabajo, ni a tomar café se paraba. Entregar y entregar material, con las paradas justas para comer. Durante los tres días, la clienta me llamó en numerosas ocasiones, no obstante haberla advertido de que no le daría ningún tipo de información hasta finalizar el encargo, por el buen fin del servicio.

---

3   Dar aire: Alejarse del informado, salir de su espacio visual.

Cuando la clienta leyó el informe no lo podía creer, estaba claramente molesta, contrariada. «¿Seguro que no lo has perdido en ningún momento?». Después de poner en duda mi profesionalidad sin que le temblara el pulso, insistió en contratar una semana completa, y así se hizo. Intenté hacerle ver que podía ser excesivo, pero insistió. ¿Resultado? El mismo.

La entrega del segundo informe fue aún más tensa. La clienta me dijo abiertamente que me había «compinchado» con su marido, que era «la única explicación», no podía haber otra. Hablaba de forma descontrolada, dando por ciertos indicios que solo existían en su atormentada percepción.

A pesar de las graves acusaciones, intenté razonar con ella, y en ese instante me di cuenta de la situación. La clienta pretendió prolongar de nuevo el servicio, pero me negué en redondo: no me parecía ético y así se lo hice saber. Se echó a llorar y me partió el alma en mil pedazos, pero, por desgracia, no pude ayudarla. Ningún detective podía.

PURA SANGRE

Sátiro, para el género masculino, o *ninfómana*, para el género femenino, son términos que se utilizan para definir a «ciertas personas de apetito sexual insaciable». Y es que, como las meigas gallegas, «haberlas, haylas».

Me viene a la memoria en este momento el personaje magistral de una de mis series favoritas, Brenda Chenowith en *A dos metros bajo tierra* (*Six feet under* o *Seis pies bajo tierra* en otros países). Podemos advertir cómo la relación impulsiva de Brenda con el sexo acaba siendo el timón de una época de su vida. Pese a estar enamorada del mayor de los hermanos Fisher, su pulsión sexual es tal que aboca su relación al fracaso, y todo ello sin que ella se dé cuenta.

No solo me he encontrado con informados e informadas de este tipo: también con clientes. Recuerdo a un cliente, bien entrado en años, que por motivos que no vienen al caso me contaba, y perdonen la literalidad, que no podía pasar «más de dos días sin echar un polvo», que se ponía malo de morirse. Las personas que tienen una pareja dentro de esta tipología conocen perfectamente su condición y saben que la infidelidad está a la orden del día en sus relaciones, no nos llevemos a engaños. Conviven con esta realidad, que, por otra parte, no tiene que ser mejor o peor que otra, y no seré yo el que la juzgue. Me consta que, en ciertos casos, estas actividades sexuales fuera de casa son un auténtico desahogo para las parejas oficiales.

La conducta sexual compulsiva o hipersexualidad puede acarrear graves problemas de toda índole para el que la sufre: sociales, laborales y, por supuesto, familiares y de pareja.

CASO REAL

11 de julio de 2010. Con el cuerpo algo dolorido después de cuatrocientos kilómetros en motocicleta, me encuentro sentado en una de las cafeterías del Aeropuerto de Barajas, actual Aeropuerto Adolfo Suárez Madrid-Barajas. A los más futboleros no se les habrá escapado qué es lo que estaba haciendo en la cafetería.

Me encontraba a la espera de la informada, una señorita procedente de ultramar, y el vuelo, para variar, acumulaba varias horas de retraso. El operativo constaba de tres detectives, dos de ellos en un coche y el que suscribe en moto. Visto el retraso, decidimos entretenernos con la final del Mundial de fútbol, España vs. Holanda.

El ambiente en la cafetería no envidiaba al de cualquier garito de moda. Por nuestra parte, mis colegas y yo abandonamos por unos minutos nuestro habitual papel de convidados de piedra y nos permitimos disfrutar del evento. Recuerdo que un chico que se encontraba a nuestra derecha estaba grabando con su teléfono móvil, de modo furtivo, a un grupo de chicas bastante sugestivas que vociferaban y gritaban como si no hubiera un mañana.

El avión aterrizó a las 02:35 *a. m.* La informada venía acompañada de una amiga, no nos fue difícil identificarla. Eran sofisticadas; su estilismo y su aire exótico las hacían destacar entre el bullicio. Tomaron un taxi y comenzamos el seguimiento. No podíamos perderlas, era todo o nada, ya que desconocíamos dónde pasarían la noche. El taxi se adentró en la capital. Nunca he visto tanta gente en la calle, tantas banderas nacionales y tantas muestras de entusiasmo. España había ganado su primer —y único a fecha de hoy— mundial de fútbol. Las informadas se bajaban del taxi y entraban en un prestigioso hotel. Mañana empezaríamos el servicio desde allí mismo.

A las siete de la mañana ya estaba montado el operativo frente al hotel. Imaginábamos que las chicas saldrían a media mañana de compras, a pasear, a disfrutar de Madrid. Almorzarían en algún restaurante elegante, su economía se lo permitía casi todo. Regresarían al hotel para descansar y por la noche quemarían la capital.

Mientras fabulábamos sobre la forma en la que transcurriría el día, las informadas habían madrugado —no eran ni las nueve—

y tomaban de nuevo un taxi, y lo más importante: con equipaje. Al diablo con nuestra programación del día. Hacer cábalas en una investigación suele tener este resultado.

El taxi pronto tomó la R4 para abandonar Madrid y, segunda sorpresa, la vía se encontraba en obras y había paros intermitentes. El coche de mis compañeros no tardó en quedarse fuera de juego. Ley de Murphy lo llaman, y es inexorable. Pero, gracias a la buena planificación del servicio, la motocicleta que conducía pudo seguirles la pista.

Tras dos horas de viaje, el taxi se detuvo en un área de servicio. La informada y su amiga entraron en la cafetería; reían divertidas. Se acercaron a la barra y pidieron algo para desayunar. No tardé en darles nuestra posición a los compañeros: «Si espabiláis nos cogéis». La informada también hizo una llamada de teléfono y tuve que decidir: acercarme y escuchar lo que podía ser una conversación interesante para el servicio, corriendo el riesgo de quemarme[4] recién empezado el asunto, o mantenerme distante. No lo pude evitar. Me situé junto a ellas en la barra, de espaldas y manipulando mi teléfono distraído, pero con el oído bien presto a la conversación de la informada. Y mereció

---

4 Quemado: Cuando el detective se hace visible al informado o interactúa con él.

la pena. Hablaba con un tal «Roberto», que le daba indicaciones para llegar a una urbanización alicantina donde pasarían varios días. Envié los datos de la urbanización a mis compañeros por WhatsApp. Ellos se adelantarían a esperar al taxi de las informadas en la urbanización, mientras que yo continuaría el seguimiento en motocicleta por si había alguna novedad o cambio de planes.

Mis compañeros llegaron a la urbanización antes que la informada. Era un complejo de lujo, al que no se podía acceder sin ser propietario o sin tener invitación. No debía ser ningún problema: en España la playa es libre, y la urbanización tenía unas espectaculares vistas al Mediterráneo. Desde una loma próxima se podía contemplar la mayor parte del complejo urbanístico, e incluso pudimos grabar la entrada de la informada y su amiga a una preciosa casa. Ahora, «para variar», tocaba esperar.

Con las últimas luces del día, amiga, informada y tres jóvenes abandonaban la casa. Trajes de baño, neveras portátiles, algunas bolsas con alimentos y amplias y blancas sonrisas. Tocaba moraga[5]. Analizada la situación, mis compañeros y yo resolvimos hacer lo propio. Nuestra propia fiesta playera. Lo

---

5   Moraga: Fiesta tradicional nocturna realizada en la playa, típica del litoral mediterráneo español.

suficientemente cerca para poder obtener grabaciones llegado el caso y lo suficientemente lejos para no llamar su atención.

Esa parte del servicio fue más distendida. Sin perder de vista a nuestro objetivo, nos dio tiempo a charlar de lo humano y de lo divino; de lo mal que estaba la profesión, de los clientes satisfechos, de los insatisfechos, de los últimos *gadgets* propios de nuestra actividad... Mientras tanto, la joven por la que estábamos allí y que sin saberlo nos había regalado un tiempo de asueto disfrutaba casi tanto como nosotros.

Sobre las dos de la madrugada, el panorama cambió. La amiga y uno de los tres jóvenes abandonaron la fiesta de la mano. La informada y los otros dos jóvenes que quedaron en la playa bailaban, reían y bebían como si el fin del mundo fuera irremediable e inminente.

El cansancio, desde hacía horas, mellaba nuestro ánimo, pero los sucesos que acontecieron después nos avivaron de un plumazo. Los dos jóvenes y la informada, de forma desinhibida, se abandonaron al placer y comenzaron a disfrutar de sus cuerpos entre ellos, extasiados, amparados por la brisa del Mediterráneo y una tímida luna casi inexistente. Retozaron sin prisa, cuidándose entre ellos como si estuviesen hechos de porcelana y cualquier movimiento brusco pudiera romperlos en mil pedazos. Lo que la chica ignoraba era que, al otro lado de la playa, ajenos a la magia y a la intensidad del momento, los tres parias vestidos de *Gran Hermano* que llevaban sentados varias horas a unos cincuenta metros eran los ojos de su marido, que aun desde ultramar conocería cada paso que ella diera en España.

Cuando trasladé al cliente la *buena nueva*, no entró en cólera. Prestó atención a mis palabras sin pestañear, sin el más mínimo atisbo de ira o de tristeza. Lo que sí dijo, con una mezcla entendible de rabia, soberbia y orgullo quizás mal entendido, es que la despojaría «de todo, de todo», que la «buena vida» había llegado a su fin y que ahora le tocaría «trabajar», cosa que no había hecho nunca. Mientras oía sus palabras, de manera irremediable vinieron a mi mente Yahvé y su breve conversación con nuestros ancestros en el Edén; nuestros queridos Adán y Eva del Génesis, que, tras liarla parda con la célebre fruta (en ningún momento la Biblia habla de que fuera una manzana), serían expulsados del Paraíso. Génesis 3:19: «Ganarás el pan con el sudor de tu frente...».

LA INVESTIGACIÓN DE LA INFIDELIDAD

Investigar una infidelidad siendo parte no es empresa fácil por varios motivos, y la primera regla que debemos cumplir de forma insoslayable es intentar tomar distancia del asunto. De otra manera, será imposible, y la cosa acabará como el rosario de la aurora, con acusaciones, sin pruebas y dificultando la posterior obtención de estas... si es que estas existen.

Debemos analizar los datos con los que contemos con frialdad, marcar una estrategia e implementarla. Y remarco, aun a riesgo de ser repetitivo: siempre con un manejo inteligente de las emociones.

Por último, recuerde que usted es quien conoce mejor a su pareja. Es posible que una conversación serena y sincera le ahorre tener que acabar de leer este compendio de miserias humanas.

Si, en definitiva, decide realizar una investigación, lo más efectivo y rápido y menos doloroso para usted es contratar un detective privado. Busque uno de su confianza y pídale un presupuesto; las tarifas de un detective, por norma general, no son prohibitivas, y le ayudará para que este trance pase de la forma más breve e inicua posible. Tenga en cuenta las prevenciones que cito en el apartado «La figura del detective privado en España» para evitar caer en manos de estafadores sin escrúpulos y tirar por la borda su dinero y la posibilidad de acometer una investigación profesional.

INDICIOS

Si teclea en Google «indicios infidelidad» encontrará un sinfín de páginas con *tips* sobre actitudes o escenarios que pueden indicar que su pareja le está siendo infiel. Desde mi humilde opinión, opinión basada en veinte años de profesión como detective privado, estas sugerencias son verdades a medias; hay casos en los que pueden indicar una infidelidad y otros en los que no, por lo que, a la postre, no van a ser de mucha ayuda. No existe regla de tres, esto no son matemáticas, no es una ciencia exacta.

Como apuntaba antes, usted es quien mejor conoce a su pareja y la persona que mejor puede valorar y analizar cambios en los hábitos o actitudes de esta. Si su estado emocional es bueno, déjese llevar por la intuición. Puede que no esté de moda, pero la intuición siempre ha socorrido a la raza humana durante su evolución.

En mis años de carrera he percibido que, generalmente, es más complicado «cazar» la infidelidad de una mujer que la de un hombre. Ellas son más inteligentes, reconozcámoslo sin ruborizarnos. El hombre es un poco como el Pulgarcito de Perrault y suele dejar un reguero de pruebas tras su paso.

¿Qué debemos buscar? Cambios en su conducta. Cosas nuevas, que antes no estaban y ahora sí. Pero esto solo no va a bastar, ya que estas novedades pueden tener diferentes causas. He investigado a personas que habían cambiado sus hábitos sospechosamente, por ejemplo, con ausencias prolongadas del domicilio conyugal, y la o el cliente pensaba que esas horas eran utilizadas para dar desenfreno a apetitos carnales, cuando en realidad eran empleadas para ir al bingo, acudir a videntes o cualquier otra circunstancia más o menos pintoresca. No todo el líquido blanco que alberga una botella es leche.

Con las precauciones mencionadas, debe prestar especial atención a los siguientes puntos:

—Mayor preocupación por su aspecto. Ejercicio, dieta, vestimenta.
—Ropa interior nueva. Lencería.
—Aumento de la frecuencia de la higiene corporal, utilización de perfumes, depilación.
—Bloqueo de teléfono móvil o cambio de contraseña.
—Uso del teléfono móvil no acostumbrado.
—Recibir llamadas o mensajes a horas intempestivas y dar una justificación pobre de los mismos.
—Alejarse para contestar o realizar llamadas, mensajes…
—Evitar que usted vea la pantalla del teléfono cuando lo está manipulando, ponerlo en silen-

cio, en modo avión, con la pantalla hacia abajo si lo deja en una mesa.

—Cambio en el uso de redes sociales. Cerrar cuentas antes abiertas, nuevos perfiles...

—Incremento o disminución de su apetito sexual.

—Cambio en las prácticas sexuales.

—Falta de interés en su pareja.

—Evitar conversar, los momentos de intimidad, mirar a los ojos.

—Ausencias del domicilio por «trabajo extra» u otras circunstancias no habituales.

—Escapadas del domicilio a deshoras por causas poco justificadas o creíbles.

—Actitud huidiza en la pareja.

—Críticas excesivas o no habituales sobre acciones, omisiones, opiniones o pensamientos de la pareja.

—Evitar hacer planes en pareja.

—Ocultar extractos bancarios, de tarjetas de crédito o débito, de manejo de efectivo.

—Necesitar tiempo para él/ella en solitario que antes no reclamaba.

—Estallidos de afecto injustificados, regalos sin explicación.

—Cambios rápidos de humor sin aparente justificación.

Estas son los contextos que más frecuentemente he detectado en mis investigaciones, tanto en hombres como en mujeres. Si nuestra intuición nos pone en alerta y vemos reflejados varios puntos de esta lista en nuestra pareja, puede haber caso.

PLANTEAMIENTO DE UNA INVESTIGACIÓN

Sea o no detective, el paso previo a emprender una investigación de cualquier tipo es hacer un diseño de esta.

El detective privado debe velar por los derechos del informado tanto o más que por los del cliente, de ahí que, en los planes de estudio universitarios, los aspectos legales tengan un peso fundamental. La piedra angular de una investigación es la legitimidad. En España, un detective no puede investigar lo que le plazca, ni un cliente puede encargar cualquier asunto que se le antoje. No podemos investigar a la vecina o al vecino del quinto, por más que nos apetezca, a no ser que tengamos algún tipo de relación que nos dé legitimidad legal para ello. La Ley de Seguridad Privada 4/2014 lo recoge en el artículo 48.2:

> «La aceptación del encargo de estos servicios por los despachos de detectives privados requerirá, en todo caso, la acreditación, por el solicitante de los mismos, del interés legítimo alegado, de lo que se dejará constancia en el expediente de contratación e investigación que se abra».

Una vez superado este escollo, la obtención de la prueba y, por ende, el diseño de la investigación observarán los principios de razonabilidad, necesidad, idoneidad y proporcionalidad. Debemos contestarnos estas tres preguntas: ¿el diseño de la investigación es razonable y proporcional al fin perseguido? ¿Es necesario hasta el punto de que si no se diseña de esa forma no podrá realizarse? ¿No es posible realizar otro diseño menos lesivo para la intimidad del informado? Este punto también lo recoge la Ley de Seguridad Privada, en su artículo 48.6:

«Los servicios de investigación privada se ejecutarán con respeto a los principios de razonabilidad, necesidad, idoneidad y proporcionalidad».

Bajo estas premisas, tendremos en cuenta los puntos que siguen:

1. DEFINIR UN OBJETIVO. ¿Cuál es la finalidad de la investigación? Es la primera pregunta que debemos responder. Si la finalidad del asunto es familiar o de pareja, obviaremos el resto de las circunstancias anejas, que solo nos harán distraernos del fin principal y gastar recursos humanos y económicos sin fundamento alguno o interés para nosotros o nuestro cliente. Esto debemos hacerlo no solo por estrategia, sino también para la correcta observación de la norma, que en su artículo 49.2 dice:

«En el informe de investigación únicamente se hará constar información directamente relacionada con el objeto y finalidad de la investigación contratada, sin incluir en él referencias, informaciones o datos que hayan podido averiguarse relativos al cliente o al sujeto investigado, en particular los de carácter personal especialmente protegidos, que no resulten necesarios o que no guarden directa relación con dicho objeto y finalidad ni con el interés legítimo alegado para la contratación».

Es de vital importancia definir de modo inequívoco, con el cliente o con nosotros mismos, la finalidad del servicio.

2. PLANIFICACIÓN TÉCNICO-PROFESIONAL. Métodos que utilizaremos; gestiones informativas, ingeniería social, vigilancias estáticas, seguimientos, cámaras ocultas, rastreo en redes, consulta de registros...

3. MEDIOS MATERIALES. ¿El servicio requiere motocicleta? ¿Es necesario disponer de algún dispositivo en concreto? ¿Cámara oculta? ¿Baliza GPS? ¿Teleobjetivo?...

Analicemos las situaciones ante las que nos vamos a encontrar durante el servicio y tengámoslas previstas. Si el informado se desplaza en motocicleta, no será viable hacer un seguimiento en coche. Si debemos dar fe del volumen de una música, deberemos contar con un medidor de decibelios homologado. Debemos hacer partícipe al cliente de los medios que sean necesarios y cuantificarlos en un presupuesto, presentando y explicando —si son posibles— varias alternativas, para que el cliente pueda escoger la de su preferencia.

4. MEDIOS HUMANOS. Si el informado reside en un edificio con tres posibles salidas a distintas calles, debemos cubrirlas todas ellas de forma simultánea para minimizar la posibilidad de no verlo salir. Si la jornada se va a prolongar por muchas horas, será necesario hacer turnos. Si dentro del servicio se plantea una cámara oculta, necesitaremos el concurso de un segundo o tercer detective —al menos es lo ideal— para llevarla a cabo. Un detective diferente al o a los que vayan a realizar el seguimiento. En definitiva, conocer el número de detectives que tendrán que intervenir en el caso.

5. DURACIÓN Y PLANIFICACIÓN DEL SERVICIO. ¿Cuántas jornadas serán necesarias? ¿De cuantas horas será cada jornada? ¿Qué día y a qué hora empezará el servicio? No requerirá el mismo tiempo de investigación el seguimiento a un o una posible infiel durante una noche de sábado que el seguimiento a un comercial durante tres jornadas laborales.

Es necesario hacer una estimación temporal del servicio para evaluarlo económicamente, y, como antes explicaba, lo ideal es siempre realizar varias propuestas.

6. PREVISIÓN DE GASTOS. ¿Hay que efectuar compras de mercaderías al informado? ¿Consultar registros oficiales? ¿Hacer largos desplazamientos en vehículo? ¿Viajar en tren, bus o avión?

¿Pernoctar? Este tipo de cuestiones deben estar presentes en el presupuesto inicial que entreguemos al cliente. Conocer sus límites y dejarlos definidos de manera clara y concisa.

Grosso modo, estas son las partidas que hemos de contemplar para completar una óptima planificación de cualquier tipo de servicio, analizándolas una a una sin dejar escapar ningún detalle.

Ahora pasemos a ver en pormenor estas cuestiones cuando el asunto por investigar es el que nos ocupa en este momento: una posible infidelidad.

Para plantear este tipo de investigaciones, conocer las rutinas del informado es básico. La investigación ha de ser algo quirúrgico; no se trata de dedicar muchas horas, se trata de dedicar las mejores horas. ¿Y cómo sabemos cuáles son las mejores horas? Conociendo a fondo el día a día del informado. Nuestra gran aliada será su rutina, conviene no olvidarlo. Tendremos en cuenta los siguientes aspectos:

1. ASPECTOS LABORALES/OCUPACIONALES. Necesitamos conocer el tipo de trabajo que desempeña y sus particularidades. Si trabaja en un lugar fijo o se desplaza, horarios y días de trabajo, facilidad para cambiarlos o no acudir... No requerirá los mismos medios el seguimiento a una visitadora médica que al trabajador de una estación de servicio.

2. Aspectos personales. Nos interesaremos por su tiempo de ocio. Uso de redes sociales y programas de mensajería, si acude a un centro deportivo, si se detiene a tomar una cerveza con los compañeros de trabajo al finalizar la jornada, si visita a su madre o si acude a la iglesia o a la peluquería. Cualquier rutina en este sentido tiene que ser de nuestro interés.

3. Medios de transporte. ¿Utiliza transporte público? ¿Se desplaza en coche propio? ¿Aparca en la calle o en un garaje? ¿Utiliza motocicleta? ¿Lo recoge un compañero?...

4. Lista de candidatos a partenaire. ¿Sospechamos de quién puede ser el *partenaire*? Antiguas parejas, compañeros de trabajo, conocidos del gimnasio, de redes sociales... ¿Algún posible candidato?

5. Circunstancias de especial interés. ¿Debe pasar dos días fuera por trabajo? ¿Conocemos su destino o su agenda? Este tipo de eventos pueden ser muy productivos, tanto que, si no existen, podemos provocarlos.

Una vez que tengamos todas las piezas del puzle, nos dispondremos a encajarlo. El objetivo es plantear una investigación eficiente; garantizar el resultado —en la medida en que se puede garantizar el resultado de una investigación—

con la utilización de los medios precisos y menos invasivos para el informado.

Debemos obviar, *a priori* y cuando sea posible, las horas en las que el informado esté controlado por hallarse en el lugar de trabajo o realizando cualquier actividad que sea constatable que realice; y poner singular interés, eso sí, en las horas de entrada y salida de estas actividades. Debemos hacer hincapié en las horas en las que el sujeto no esté controlado.

A continuación, expondré algunos *tips*, sugerencias o consejos que me han ayudado en mis servicios:

—Trabajadores o trabajadoras de oficina suelen aprovechar los momentos del desayuno o la salida de su trabajo para quedar con sus amantes.

—Las salidas a gimnasios, centros deportivos, yoga y otras actividades de este tipo son proclives a usarse para concertar encuentros con las parejas no oficiales.

—Quedar para tomar café o tomar algo con los amigos, o incluso ir de compras, de igual forma, se suelen utilizar para encuentros amorosos.

—Anuncios, por parte del informado, del tipo «tendré que viajar dos días a Cuenca» deben disparar todas nuestras alertas. Mi experiencia profesional me dice que los informados no mienten del todo, o, lo que es lo mismo, dicen verdades a medias. Si anuncia que va a ir a Cuenca, es más que probable que ese sea el destino, y en lo que mentirá será en la tarea que realizará en el lugar. Estas medias verdades le facilitan la labor de reservar hotel, billetes de tren, etc., sin necesidad de ocultar esos gastos y dándoles una pátina de veracidad y limpieza a sus acciones.

—Es viable y hasta recomendable preparar una pequeña trampa. En el amor y en la guerra todo vale. Pongamos la cosa fácil a los amantes. Dejémosles campo libre. ¿Cómo? Sea usted quien se vaya a Cuenca. Utilice cualquier excusa para dejar al informado o informada solo unos días. Váyase con su madre a la playa —sin olvidar a los niños si es que los hay—, con los amigos al campo, de caza o a casa de su tía Francisca. Esta acción se ha mostrado eficaz en numerosas ocasiones. Para aumentar las posibilidades de éxito, debe anunciarla con tiempo, para que el amante o la amante también se pueda organizar. Montar el operativo de vigilancia esos días nos puede ahorrar horas de estar dando palos de ciego.

—Por otra parte, no podemos olvidar que deben coincidir dos almas, por lo que, si sospechamos de quién puede ser la persona con la que el informado mantiene su escarceo amoroso, sus rutinas también nos servirán para establecer cuándo será más fácil que coincidan. Si se trata de un encargo profesional, no olvidemos que la legitimidad de la investigación recaerá sobre el informado, en ningún caso sobre el amante, por más que, en muchas ocasiones y por diferentes factores, sea más fácil elaborar un seguimiento del amante que del informado.

Una vez que tengamos la investigación diseñada y todo listo, pasaremos a la fase de ejecución. Para ello, será imprescindible manejar una serie de técnicas que detallaré en los siguientes apartados.

EJECUCIÓN Y MÉTODOS. ENTORNO DIGITAL. REDES SOCIALES, MENSAJERÍA, «APPS» DE CITAS

La revolución digital de los últimos años ha cambiado por completo el paradigma de la infidelidad. Hoy en día, recostados en un sofá con un *smartphone* en la mano, en menos de un minuto podemos tener acceso a cientos de candidatos para tener un *affaire*. Sin demonizar la tecnología que tanto nos auxilia, intuyo que algo tiene que ver, o al menos es uno de los factores, con el aparente auge del amor de usar y tirar.

El mundo digital es un entorno para tener muy en cuenta. Es cuantioso el número de casos que he encauzado —o directamente resuelto— sin necesidad de hacer ningún seguimiento o encender una cámara de vídeo.

Estudiar el perfil de una red social en profundidad nos llevará muchas horas, y, si podemos extenderlo unos días en el tiempo, nos aportará más información. Si la cuenta en la red social es abierta, podremos husmear sin mayor problema. Si, por el contrario, la cuenta está cerrada, podemos acceder a ella utilizando un perfil *fake*, siempre que el informado nos dé acceso.

REDES SOCIALES

¿Cómo elaborar un perfil falso? Debemos tener en cuenta varias cosas para que un perfil de este tipo tenga ciertas garantías de éxito y aspecto de veracidad:

1. ANTIGÜEDAD DE LA CUENTA. Es poco creíble crear una cuenta hoy y solicitar «amistad» mañana. Lo más recomendable es abrir un perfil femenino y otro masculino y alimentarlos (lo que será ya un trabajo en sí mismo).

2. NOMBRE DE LA CUENTA O «NICK». Debemos elegir un nombre que se aleje de los típicos utilizados por *bots* o máquinas que se hacen pasar por humanos; evitar nombres extranjeros, absurdos o inconclusos, series interminables de números...

3. FOTOGRAFÍA DE PERFIL. Dejar el icono de la red social o, lo que es lo mismo, no poner fotografía de perfil nos cerrará un importante número de

puertas. También lo hará coger fotografías de tipos o chicas bellísimas. Para evitar problemas de propiedad intelectual, mi consejo es poner alguna fotografía hecha por nosotros mismos; paisajes, lugares conocidos, rincones difíciles de identificar, portadas de libros, vehículos, series o películas...

4. TRABAJAR LA CUENTA. Este punto es fundamental si queremos que nuestra cuenta sea creíble. Nuestro número de «seguidores» y «seguidos» debe estar equilibrado. Debemos hacer publicaciones de forma periódica, responder los comentarios y cuidar que algunos *posts* sean de carácter personal.

5. INTRODUCIR FACTORES QUE ATRAIGAN AL INFORMADO. Los intereses o aficiones comunes son un salvoconducto de entrada. Equipos de fútbol, grupos musicales, ciudades, estudios universitarios... cualquier tema que nos ponga en contacto con el informado.

6. VALORAR LAS PUERTAS TRASERAS. En ocasiones es preferible «dejarse ver» por el informado. Para ello necesitamos interactuar con algún grupo o «amigo» con el que nuestro objetivo mantenga relación y trabajar en él. Es posible que el propio informado nos solicite amistad si movemos bien nuestras cartas.

7. No entablar relaciones personales con los investigados. Como decía antes, en el amor y en la guerra todo vale: esta es para mí una regla de oro. Nuestra relación con él o ella debe ser de bajo impacto, que casi ni se note. Nuestro papel debe ser neutro, somos meros observadores, nuestra misión no es ejercer influencia alguna.

DENTRO DE LA RED DEL INFORMADO

Primer objetivo cumplido, estamos dentro. ¿Ahora qué? Si la cuenta está cerrada, bajo ningún concepto debemos hacer capturas de pantalla de lo que allí suceda, pues el carácter reservado de la cuenta es ya una declaración de intenciones: es un espacio íntimo alejado de miradas indiscretas, por lo que la información obtenida de tal fuente tendrá el carácter de oficiosa.

Si la cuenta es abierta y localizamos publicaciones, fotografías o comentarios de nuestro interés, es recomendable utilizar un certificador de contenidos en entornos digitales. El certificador generará una prueba, una evidencia electrónica de que dicha fotografía, perfil, comentario, etc. estaba publicado en una fecha y hora concreta en una página o cuenta específica, siguiendo una ruta definida. De esta forma evitamos que la prueba se desvanezca por que la borre el propio interesado o que pongan en tela de juicio la procedencia de esta. Me permito recomendar con tranquilidad Safestamper (http://safestamper.com) por su reputación y facilidad de uso.

¿Qué debemos buscar?

Lo que mejor resultado me ha dado a lo largo de estos años ha sido el estudio de los comentarios en los *posts*. Corresponde ser generosos a la hora de estudiar el perfil y remontarnos lo más atrás en el tiempo que nos sea posible. Debemos buscar comentarios fuera de contexto o con cierto carácter enigmático, que parecen dar un mensaje incompleto. En ocasiones son muestras de cariño o incluso reproches que nada tienen que ver con el contenido de la publicación a la que van dirigidos.

Una de las constantes que he observado es que, en ocasiones, son eliminados tras unas horas o pasados unos días de publicarse, de ahí la importancia de hacer un trabajo serio y constante en redes sociales si queremos que tenga algún fruto.

Una vez localizado el candidato o candidata a ser la pareja no oficial del investigado, debemos también comprobar la actividad de este en la cuenta del posible *partenaire*, pues a veces las precauciones que mantienen son más laxas.

MENSAJERÍA

Los programas de mensajería como WhatsApp o Telegram son terreno pantanoso. Siempre tienen el carácter de confidencial y cualquier intromisión en este particular es con toda probabilidad un delito. Esta protección queda patente en el artículo 12 de la Declaración Universal de los Derechos Humanos, y en

España tiene la consideración de derecho fundamental, recogido en el artículo 18.3 de la Constitución.

No debemos caer en la tentación de habilitar la versión web de estas mensajerías, intentar la recuperación de archivos o conversaciones borradas o cualquier otra manipulación, a no ser que queramos vernos sentados delante de su señoría.

He visto clientes que han llegado a estar esclavizados por estas aplicaciones, observando si su pareja y su supuesto amante coincidían estando «en línea». Debemos evitar estos comportamientos estresantes y nada fructíferos.

Lo único que puede interesarnos de estas *apps* es su manera de utilizarla. Si se vuelve esquiva, si recibe mensajes a horas no acostumbradas, si hace un uso intensivo o diferente... puede ser indicativo de algo, pero nuestra investigación debe ir por otras vías.

«APPS» DE CITAS

Las *apps* de citas no dejan de ser en cierto modo redes sociales, y su tratamiento, por ende, es similar, aunque algo más complejo.

El primer e importante escollo será obtener unas fotografías adecuadas, que deben mostrar el rostro de forma clara, y las probabilidades de dar con un infiel de perfil bajo son escasas.

A finales de la década pasada y principios de esta, cuando fue el verdadero *boom* de estas aplicaciones, su funcionamiento era algo distinto. Su utilización era menos masiva y los usuarios tomaban menos precauciones, quizá también por desconocimiento del mundo digital que se abría a su paso. Hoy en día tenemos incluso programas de este tipo ideados específicamente para infieles, como Ashley Madison, Gledeen y Victoria Milan, entre otros.

Para operar con éxito sobre ellas, en casi todos los casos es preciso el concurso de un tercero o compinche que haga de «gancho», por lo que es una opción que no recomiendo explorar a personas que no se dediquen profesionalmente a la investigación. Si enfocamos nuestros esfuerzos en otros aspectos del asunto, nuestros resultados serán más fructíferos.

PLANIFICACIÓN DE UN SEGUIMIENTO

Realizar un seguimiento de cualquier tipo requiere una técnica mínima, y, como en todas las técnicas, su maestría se alcanzará mediante la práctica. No se puede pretender ejecutar un seguimiento en dos días como una persona que lleva años haciéndolo. No nos engañemos.

En la asignatura «Prácticas de Investigación Privada II», en la Universidad de Alicante, mi profesora, titular por aquellos días de un despacho de detectives, Detectives Alicante, recomendaba elegir al azar a alguien en la calle y hacer un breve seguimiento, a modo de práctica, y cierto es que pude comprobar que es un buen ejercicio para «soltarnos» un poco en la calle. Un seguimiento sin pretensiones, eso sí, y por supuesto desprovistos de cámaras de vídeo o cualquier otro artefacto así. No se trata de recoger ningún dato, solo de ejercitar la técnica del seguimiento.

Un buen lugar para practicarlo puede ser un centro comercial o una estación de tren, y a ser posible en hora punta. Elegimos a alguien en cuanto pise el andén y comenzamos a seguirlo entre la muchedumbre. *A priori* puede parecer algo sencillo. Estamos hartos de verlo en cientos de películas y el resultado siempre es exitoso, pero la realidad es bien distinta. Empezaremos a ver comportamientos ilógicos. Personas que vuelven sobre sus propios pasos —más de una vez—, que se quedan paradas o que, como por arte de magia, desaparecen. Bienvenido al fantástico mundo de las labores de información.

Cuando emprendemos un seguimiento, debemos observar tres reglas fundamentales:

1. NO PERDER DE VISTA AL INFORMADO. Parece una obviedad, pero no lo es. En tres segundos (atendiendo una llamada de teléfono, por ejemplo), el informado se desvanecerá como un espectro, y no sabremos qué habrá pasado. Puede haber entrado en algún edificio, en algún comercio, haber tomado un taxi, haber cruzado de acera, tomado una bocacalle…

2. NO MIRAR A LA CARA AL INFORMADO. Un cruce de miradas con el informado puede ser letal. Cuando caminamos por la calle nos cruzamos

con cientos de personas y no nos fijamos casi en ninguna de ellas. Cuando lo hacemos puede ser por varios motivos: por su vestimenta, por su actitud o apariencia física, porque nos recuerde a una persona conocida o porque nos mire a la cara directamente.

3. CUALQUIER COMPORTAMIENTO DEL INVESTIGADO QUE NOS PAREZCA EXTRAÑO NO TIENE QUE INDICAR QUE SE HA PERCATADO DE NUESTRO SEGUIMIENTO. Yo lo denomino «la paranoia del detective« y suele darse con frecuencia en los primeros pasos como profesional. Cualquier hecho que tildamos de ilógico, como cambiar varias veces de sentido, enciende nuestras alarmas y pensamos que hemos sido detectados. Debemos aguantar un poco, trabajando siempre con inteligencia y velando también por nuestra propia seguridad.

LA VIGILANCIA

Es prácticamente obligado llevar a cabo previamente una inspección ocular del lugar donde vayamos a empezar el seguimiento, días antes de iniciarlo. Si es un domicilio, comprobaremos si tiene una o varias salidas, dónde dan las ventanas del informado; si tiene plaza de garaje, veremos si da a la misma calle de la salida peatonal; y definiremos el punto desde donde nuestro campo de visión sea óptimo y no llamemos la atención del informado ni de ningún otro.

Lo ideal es elegir un punto que nos permita estar dentro del vehículo. Esta parte se denomina «vigilancia estática», y se tornará dinámica cuando el investigado inicie su actividad y nosotros el seguimiento.

ASPECTOS QUE TENER EN CUENTA DURANTE LA REALIZACIÓN DE UNA VIGILANCIA

1. VESTIMENTA/APARIENCIA. Nuestra indumentaria debe ser lo más neutra posible. Usar colores pardos que no llamen la atención; nuestro objetivo es pasar inadvertidos. Es importante adaptarla al clima y al entorno. Si el seguimiento es en un polígono industrial, una vestimenta propia de un trabajador nos puede ayudar. Si estamos en una zona financiera, elegiremos una americana...

2. ACTITUD. En ningún caso debemos representar una amenaza para nadie, es la mejor forma de pasar desapercibidos. Huir de poses marciales; mirar con los ojos, no con el cuerpo; actuar con naturalidad. Esto nos hará casi invisibles a miradas ajenas.

3. ELECCIÓN DEL PUNTO DE VIGILANCIA. Dentro de las posibilidades que tengamos, seleccionar el mejor punto de vigilancia es uno de los factores que marcará la diferencia entre el éxito o el fracaso del seguimiento.

No solo debemos evitar llamar la atención del informado: también del entorno. Si la espera se prevé larga o se va a prolongar varios días en el tiempo, no suele ser buena idea situarse junto a entidades financieras, edificios oficiales, comisarías, centros militares, centros educativos, comercios que manejen mucho efectivo o comercios que tengan muy poco movimiento.

Otro punto que considerar es no colocarse junto a domicilios o locales cuyas actividades sean ilegales, pues estarán al tanto del entorno y podemos tener problemas. *A priori* pueden parecer difíciles de detectar, pero, tras unos minutos parados en una calle, observando de forma concienzuda, saltarán a la vista.

El lugar desde donde hagamos la vigilancia debe permitirnos incorporarnos rápidamente al seguimiento. Si vamos en coche y entre el informado y nuestro punto de vigilancia hay, por ejemplo, un semáforo, las posibilidades de fracasar serán notables.

4. OCULTARNOS DURANTE LA VIGILANCIA. El sitio idóneo para hacer la espera es un coche o furgoneta, en función de nuestras posibilidades y del contexto. Lo ideal es sentarse en los asientos traseros, siempre y cuando los cristales de las puertas traseras estén tintados. Esto nos permitirá hacer esperas durante horas sin llamar la atención de nadie.

Es importante realizar los mínimos movimientos posibles y, por supuesto, no perder de vista el punto desde donde podamos ver salir al investigado. Nuestro mayor enemigo hoy en día es el teléfono móvil. Las posibilidades de distraerse consultando WhatsApp o redes sociales son máximas.

Si la vigilancia se está efectuando de noche o con condiciones lumínicas deficientes, cualquier destello de luz o reflejo que salga del interior del vehículo nos puede delatar. Nos cuidaremos de bajar la intensidad de las pantallas de la videocámara y del *smartphone*, y, claro, de no fumar.

Para hacernos la espera más liviana podemos escuchar música, radio, audiolibros o pódcast que sean de nuestro interés.

Una botella de agua y unos frutos secos (o algo más contundente según las horas de duración de la vigilancia) para comer, o cualquier otro *snack*, nos facilitarán el trabajo.

Otro punto menos elegante pero que no es baladí es la hora de expulsar el agua ingerida, inevitable en una jornada extensa de vigilancia. Si abandonamos la vigilancia para miccionar, echaremos por tierra horas de trabajo. ¿Cómo podemos solucionarlo? Compañeras detectives suelen utilizar *tuppers*; en los varones, botellas de plástico tipo Nestea, con la boca algo más ancha, son perfectas para evitar accidentes indeseados.

Continuando con temas prosaicos, debemos contar con los medios de pago habituales en la zona. Hay que tener dinero en efectivo y moneda suelta, aparte de un medio de pago por tarjeta o digital. Este detalle puede costarnos un día de trabajo. Créame, sé de lo que le hablo.

En ocasiones no es posible beneficiarse de la cobertura que te ofrece un coche, bien porque la zona no sea accesible con vehículo, bien por cualquier otra circunstancia. En este caso, realizar extensas jornadas de vigilancia es complejo, pues es fácil llamar la atención. Cuando nos topamos con este tipo de escenario hay que elegir de manera escrupulosa el punto desde el que haremos la vigilancia, teniendo en cuenta todos los factores mencionados con anterioridad.

Si la espera es en motocicleta, nos situaremos a una distancia prudencial de esta, sin llevar en la mano el casco o cualquier otro utensilio que nos relacione con la moto. Hay que facilitar, dentro de lo posible, poder salir rápido tras el informado, por lo que evitaremos asegurar de más el vehículo o baúles engorrosos de abrir para acceder al casco o la chaqueta. Una acción veloz propiciará que podamos incorporarnos al seguimiento con éxito.

¿DÓNDE COLOCARNOS CUANDO ESTAMOS A PIE?

En primer lugar, recordemos dónde NO colocarnos:
—Junto a comisarías de Policía, centros militares, ciertos edificios oficiales.
—Entidades financieras.
—Comercios con fuerte manejo de efectivo (compraventa de oro, joyerías...).
—Comercios con escaso movimiento (el dependiente o la dependienta, por puro aburrimiento, no nos quitará ojo).
—Colegios o centros educativos donde haya presencia de niños.
—Parques donde haya presencia de niños.
—Viviendas o locales donde se realicen actividades ilícitas. Llamarán nuestra atención cuando llevemos pocos minutos de vigilancia.
—Cualquier otro lugar donde nuestra presencia pueda ser considerada una amenaza. Utilicemos el sentido común.

Dónde sí colocarnos:
—Terrazas, veladores o interiores de bares que nos permitan ver el punto de nuestro interés (son sitios ideales. Muy importante abonar la consumición al solicitarla: cuando el informado empiece a moverse no vamos a tener tiempo de pagar la cuenta).
—Paradas de autobús. Nos ayudan a pasar desapercibidos y, si tienen marquesina, nos ocul-

tan y nos hacen más livianas las inclemencias meteorológicas.

—Lugares públicos que tengan concurrencia. Pasaremos inadvertidos entre la muchedumbre y el trasiego de personas.

—Cualquier lugar que consideremos discreto y adecuado para pasar varias horas sin levantar suspicacias de terceros, y que nos permita incorporarnos con prontitud al seguimiento.

EL SEGUIMIENTO. A PIE, EN COCHE O EN MOTOCICLETA

Los seguimientos más comunes a los que se enfrenta un profesional de la investigación son tres: a pie, en coche y en motocicleta.

La intensidad del seguimiento va siempre unida a lo «sensibilizado» que esté el informado. Esto no es otra cosa que el nivel de alerta que mantenga el informado ante el entorno. En principio, un infiel no debe de tener un gran nivel de alerta, como por ejemplo sí lo tiene la persona que está realizando actividades ilegales de cualquier tipo. Para que el informado mantenga un nivel de alerta estándar, es importante que el cliente sea cauto y guarde máxima discreción sobre el encargo. Los detectives privados o cualquier otro profesional acostumbrado a realizar seguimientos calan enseguida al informado y detectan «de qué pata cojea» en este sentido.

Durante el curso de un seguimiento, sea este de la forma que sea, debemos valorar lo anotado en los apartados previos «Planificación de un seguimiento» y «La vigilancia». Pero, aparte de esto, hay una serie de recomendaciones enfocadas a cada tipo de seguimiento que pueden serle de utilidad.

SEGUIMIENTO A PIE

El seguimiento a pie puede ser más exigente de lo que quizá parece, y estos *tips* le ayudarán a llevarlo a cabo con éxito:

—Actuar siempre con naturalidad, siguiendo lo expuesto en apartados anteriores sobre vestimenta y actitud.

—Debemos realizar el seguimiento, siempre que sea posible, por la acera contraria a esa por la que deambula el informado. Nos dará una mejor perspectiva, más capacidad de reacción, y evitaremos que el informado nos vea si mira hacia atrás o cambia el sentido de su marcha. Además de todo esto, un individuo con una sensibilización normal nunca va a sospechar que lo están siguiendo de este modo.

—La distancia que guardemos con el informado ha de ser flexible; mayor cuando las condiciones de visibilidad sean buenas, menor si la calle está muy concurrida.

—Si el informado accede a un comercio, oficina o edificio, debemos valorar si es necesario entrar o no tras él. Esto va a depender del objeto del servicio, del momento y de que el local cuente con una o varias salidas. Debemos ser cuidadosos con esto; acceder a un comercio con varias salidas es una de las maneras de detectar si estamos siendo seguidos por alguien.

—Es importante llevar moneda para hacer el pago de un billete de autobús, metro, etc.

—Si el informado usa transporte público, debemos ocupar una plaza fuera de la visión del informado siempre que sea posible, así como entrar o salir por una puerta distinta a la que este utilice.

—Utilizar notas de voz es una forma eficiente de recoger datos que posteriormente necesitaremos para elaborar el informe: horarios, lugares visitados, encuentros con terceros…, siempre con la precaución de no levantar sospechas en el entorno.

SEGUIMIENTO EN COCHE

—Debemos llevar por costumbre el depósito de combustible lleno; casi nunca conoceremos de antemano los movimientos del informado y, cuando estemos en seguimiento, no podremos parar para repostar.

—Debemos tener el vehículo a punto y en regla, y tener en cuenta lo expuesto en el punto 4 de

«Aspectos que tener en cuenta en la realización de una vigilancia».

—Adecuaremos la distancia con el vehículo del informado a las circunstancias del tráfico.

—En ciudad, la distancia ha de ser mínima, pero evitaremos, siempre que sea posible, ir justo detrás de él, aunque a veces sea justo esto lo que debamos hacer. Semáforos y rotondas son nuestros mayores enemigos.

—Es preferible perder al informado a que este detecte nuestra presencia. Si lo perdemos, podemos seguirlo cualquier otro día; si lo «quemamos», pueden transcurrir meses hasta que podamos efectuar un nuevo seguimiento, o que directamente quedemos invalidados para seguirlo.

—Si accede a un aparcamiento, debemos acceder tras él, aparcar fuera de su campo de visión y continuar el seguimiento a pie. Lo ideal es poder regresar al aparcamiento antes que él y esperarlo, ya en el coche, fuera del mismo.

—Si encuentra aparcamiento en la calle y nosotros en ese momento no, no debemos darnos por vencidos, e intentaremos conseguir una ubicación que nos posibilite esperarlo a su regreso.

—Depende del servicio y del momento en el que nos encontremos frente al mismo, hay veces que debemos valorar si recibir una sanción de tráfico y obtener resultados, siempre que no pongamos en riesgo a terceros, a nosotros mismos o la seguridad vial, que en ningún caso estaría justificado.

—Portar moneda u otros medios de pago que podamos necesitar para hacer frente a pagos de zonas de estacionamiento regulado, *parkings*, peajes...

—En carretera, debemos aumentar la distancia de seguimiento, y que esta sea flexible y en función de la presencia de cruces, estaciones de servicio u otro tipo de locales presentes en las carreteras.

—Siempre que sea posible, estar fuera del campo de visión de los espejos retrovisores del vehículo del informado.

SEGUIMIENTO EN MOTOCICLETA

—Una motocicleta ligera, de cilindrada media, es ideal para realizar un seguimiento en ciudad.

—Igual que en el caso anterior, el depósito de combustible debe ir siempre lleno.

—La conservación de la motocicleta es pieza clave para nuestra propia seguridad.

—Nos permite dejar mayor distancia con nuestro objetivo. Acercándonos cuando sea preciso y dejándole espacio cuando no.

—Semáforos y rotondas dejarán de ser un problema la mayor parte de las veces.

—Emplearemos los carriles adyacentes al del informado, saliendo de su campo de visión por los espejos retrovisores.

—Nos facilitará hacer un seguimiento más completo, incluso cuando el informado estacione en vía pública, ya que a nosotros no nos costará estacionar a la par y proseguir el seguimiento a pie.

—Un tándem perfecto para hacer un seguimiento es un binomio coche-moto. Desde el coche nos será más fácil realizar grabaciones y esperas, y la motocicleta nos reducirá drásticamente las posibilidades de pérdida.

—En caso de trabajar en equipo de la forma expuesta, debemos limitar las conversaciones telefónicas a lo mínimo exigible cuando circulemos con la moto y hacerlas siempre con el equipo adecuado instalado en el casco. Hay que recordar que, en todo caso, conversar por teléfono reduce siempre nuestra atención a la circulación.

BALIZAR UN VEHÍCULO

Este apartado está dedicado a detectives privados noveles. Obtengan información jurídica actualizada sobre este particular antes de actuar[6]. Sin duda, un tema controvertido a nivel profesional y a nivel jurídico. A nivel profesional, la irrupción en el mercado de las balizas GPS, lejos de beneficiarnos, nos ha perjudicado. Creo que ha empobrecido los servicios, quizás por un mal uso por nuestra parte. Un servicio que, antes de aparecer esta tecnología, requería tres detectives pasó

---

6   Declino toda responsabilidad por el mal uso o uso ilegal de estas técnicas.

a realizarse con un detective y una baliza GPS. Yo siempre lo he entendido como una ayuda, una forma de hacer un seguimiento de larga distancia sin quemar al informado, de salvar semáforos y rotondas... pero nunca como para sustituir a un profesional.

A nivel jurídico, en España hemos vivido diferentes épocas, y hay sentencias para todos los gustos y colores.

Lo primero que quiero aclarar es que, antes de marcar un vehículo con un dispositivo GPS, debe estudiar y conocer la legislación de su país. Si es un profesional de la investigación privada, pida asesoría a su colegio o asociación profesional. Si es un particular, ya le adelanto que difícilmente el ordenamiento jurídico estará de su parte. En ningún caso hay que entender este apartado como un estímulo para utilizar este tipo de dispositivos; solo pretendo contar mi experiencia en este campo, y, como he repetido en varias ocasiones en este manual, traspasar la legalidad le va a traer muchos más perjuicios que beneficios.

Hay varias maneras de controlar un vehículo con un aparato GPS. Existen instalaciones fijas, que requieren de un conexionado interior en el vehículo y es aconsejable que las realice un profesional en un taller. No son las que nos ocupan. La baliza GPS que nos puede ser útil es un aparato portátil que, gracias a un imán, se coloca en los bajos de un vehículo en cuestión de segundos.

Los primeros GPS que utilicé tenían el tamaño de una tartera y su vida útil rara vez llegaba a las cuarenta y ocho horas. Su precio, prohibitivo. La tecnología fue evolucionando y, hoy por hoy, por poco más de cincuenta euros existen en el mercado balizas mucho más pequeñas que un paquete de tabaco que nos pueden estar informando más de tres semanas de la posición de un vehículo. Se pueden configurar alertas para cuando el vehículo arranque, cuando salga o entre a una zona concreta… Un sinfín de posibilidades.

Dentro de estos dispositivos podemos diferenciar dos grandes tipos: los que trasmiten información al exterior —por medio de una tarjeta de telefonía física o virtual— y los que no trasmiten. Ambos pueden ser muy útiles según la finalidad que persigamos, pero por diversas razones no entraré en este particular.

Estas balizas o chicharras suelen disponer de un imán que se instala en su propia fabricación. Debemos comprobar su fuerza, y, si es necesario, reforzarlo con un segundo imán y una funda plástica.

Pasemos a enumerar una serie de consejos basados en mi experiencia con estos dispositivos:

ANTES DE BALIZAR EL VEHÍCULO

—Realice pruebas con el dispositivo y compruebe su buen funcionamiento.

—Si ha optado por poner un imán más potente y una funda plástica, debe elegir un color oscuro para esta.

—Si el dispositivo cuenta con ledes, tápelos con cinta aislante negra. En condiciones de poca luz, puede revelar su ubicación.

—Compruebe que la batería está al máximo para aprovechar todo el potencial del equipo.

—Si conoce el modelo de vehículo que debe balizar con suficiente antelación, busque uno, en un centro comercial por ejemplo, y compruebe los bajos —con las debidas precauciones— para elegir la mejor ubicación. Cuando tenga que balizar su objetivo, irá a tiro hecho.

—Nunca coloque la baliza cerca del tubo de escape o cualquier otra fuente de calor. Las elevadas temperaturas pueden hacer que el imán pierda fuerza y caiga al suelo en cualquier momento.

BALIZANDO EL VEHÍCULO

—Para realizar este tipo de acciones que pueden ser «sospechosas», debe huir del amparo de la noche. Levantará menos sospechas si las realiza en horario diurno, incluso concurrido.

—No merodee la zona o el vehículo, debe ser una acción rápida que no levante ninguna suspicacia en terceros.

—Para agacharse junto al vehículo, puede usar varios trucos: atarse los cordones, dejar caer unas monedas u otro objeto por accidente...

—Asegúrese de que la zona donde coloca la baliza esté limpia; de lo contrario, el imán perderá agarre. Si tiene barro o tierra, puede limpiarlo de forma rápida con la propia mano. Si dispone de más tiempo, puede pasar un trapo con alcohol.

—Conozca las rutinas del informado. Es posible que encuentre oportunidades que le faciliten este proceso.

—Para retirar la baliza, tome las precauciones debidas y observe los tres primeros puntos.

LA INFIDELIDAD COMO FACTOR CRIMINÓGENO

En una estela de piedra de algo más de dos metros de alto, datada en el segundo milenio a. C, encontramos grabado uno de los primeros corpus legislativos —y posiblemente el más influyente en los siglos posteriores— del mundo antiguo. Es el llamado Código de Hammurabi, mandado realizar por el sexto rey de la de la dinastía amorrea babilónica, de donde toma nombre el códice.

Este código dedica un número considerable de artículos al derecho de familia. Habla sobre el matrimonio y sus condiciones, así como del divorcio, que, por cierto, podía ser solicitado por el hombre o por la mujer. También trata el adulterio, pero en este caso solo el cometido por la mujer. De hecho, entiende que adulterio es «cuando la esposa mantiene relaciones con un tercero», por lo que, legalmente, el adulterio masculino, sencillamente, no existe. ¿El castigo? Según el art. 129, el marido podía otorgar el «perdón marital» o, por el contrario, atar a la mujer y al amante y echarlos al río... la conocida «prueba divina» que hemos visto reproducida más de una vez en novelas y películas de nuestro tiempo. Si los acusados no son culpables, Dios los salvará.

¿Por qué le cuento esto? Porque este es nuestro punto de partida en lo social. De ahí es de dónde venimos. Asesinar a la mujer infiel, lejos de ser un crimen, era un derecho del varón reconocido de forma legal. La mayor parte del mundo civilizado, hoy en día, lo calificaría como un crimen de Estado de manual.

El transcurso de los años no ha afectado de la misma manera a todas las culturas. Encontramos una minoría de países en los que la infidelidad continúa siendo delito: Taiwán, Filipinas, Egipto, Yemen, Irán, Afganistán, Emiratos Árabes, Nigeria, Marruecos... incluso en algunos estados de Estados Unidos. Corea del Sur lo despenalizó en 2015 y esa es la tendencia actual.

Los países islámicos que se rigen por la *sharía* tienen peor «pronóstico» en este sentido. El sistema legal islámico o *sharía* prevé diversos castigos para el infiel, desde latigazos hasta la lapidación, si bien es cierto que este caso extremo —sin ánimo de blanquear ninguna conducta e intentando ser objetivos— es extremadamente raro que se produzca. En todo caso, bajo mi punto de vista, son datos poco tranquilizadores.

Crímenes de Estado aparte, si tuviera que elaborar una lista con los principales detonantes de un crimen, hay dos que encabezarían con toda seguridad mis notas:

—Dinero u objetos de valor. Crímenes utilitaristas cuya finalidad es crematística.

—Los llamados crímenes pasionales, cuyo propósito está menos definido o es más amplio y depende de forma directa del perfil del verdugo.

Grosso modo, el asesino u homicida pasional suele reaccionar de esta manera tan atroz por dos razones: tener una dependencia emocional muy fuerte de la persona infiel o no tolerar la pérdida de control sobre la pareja que supone tal acto. En el primer caso, un importante número de estas tragedias acaban con el suicidio —o intento de suicidio— del homicida, casi inmediato al hecho luctuoso.

Está relacionado clara e inequívocamente con la violencia de género y con la violencia de pareja. Es necesario hacer esta distinción, pues en ciertos países como España, de modo jurídico, se considera «violencia de género» solo a la que ejerce el varón sobre la mujer, cuando existe o ha existido algún tipo de relación de pareja. Si la violencia es ejercida dentro de parejas del mismo sexo o por la mujer sobre el hombre, debemos hablar de violencia de pareja, familiar, intrafamiliar...

También hallamos crímenes pasionales fuera de estos contextos. Es un móvil repetitivo el asesinato de las «parejas oficiales» por parte de amantes, tanto *motu proprio* como influenciados por su pareja no oficial. Para tener el campo libre en sus relaciones, ¿qué mejor que liquidar al contrario?

En España tenemos un ejemplo claro de este tipo de crimen con el caso de «la viuda negra de Patraix». En 2017, la viuda, quizás gobernada por una personalidad psicópata narcisista, a mi entender y como hipótesis de trabajo, manipuló a uno de sus amantes para que pusiera fin a la vida de su marido. El amante, un hombre enamorado hasta los huesos como se pudo comprobar en el juicio, llegó incluso a autoinculparse del crimen. Gracias a una más que rigurosa investigación por parte de la Policía Nacional, en la vista se contó con pruebas de todo tipo que no dejaron lugar a dudas y resolvieron el proceso con la condena de veintidós años de prisión para la viuda y diecisiete años para el amante.

Sufrir una infidelidad es un golpe emocional tan fuerte que puede llevarnos a realizar actos que en condiciones normales nunca realizaríamos. En casos extremos, pueden llegar a culminarse con un acto violento cuyo desenlace sea una agresión física o incluso un homicidio o asesinato. Por estas circunstancias, permítanme que insista de nuevo. Antes de llegar a estos extremos, pidan ayuda a un profesional de la salud mental. Analícense y, ante cualquier sospecha, por mínima que esta sea, de que la situación se les está yendo de las manos, tomen cartas enseguida en el asunto. No puede dejarse llevar por la ira; la vida es un bien supremo y ninguna circunstancia —y mucho menos una infidelidad— puede justificar un acto violento.

¿Pensamientos limitantes, repetitivos, irracionales, o impulsos agresivos contra usted mismo o un tercero? Busque ayuda inmediatamente. Si no puede costearse la visita a un psicólogo o psiquiatra, acuda al sistema de salud de su país.

En España, la Cruz Roja ofrece un teléfono gratuito de apoyo psicosocial: 900 107 917. También cuenta con el Teléfono de la Esperanza: 914 59 00 55 (24 horas).

La Secretaría de Salud de la Ciudad de México pone a su disposición el teléfono 555 132 0909 (24 h) para asesoría psicológica gratuita.

LA FIGURA DEL DETECTIVE PRIVADO EN ESPAÑA

Me temo que es necesario aclarar qué es un detective privado. Por mi experiencia sé que en general no está del todo claro, por más que desde la profesión (colegios profesionales, asociaciones, congresos...) se haya intentado acercar a la sociedad nuestra figura. Incluso en sala judicial, las partes o su señoría se han dirigido a mí como «investigador privado», profesión que en España dejó de existir y de ser legal el siglo pasado.

La figura del detective privado viene regulada por la Ley 4/2014 de Seguridad Privada. Me gustaría destacar algunos conceptos:

ARTÍCULO 26. PROFESIONES DE SEGURIDAD PRIVADA

1. Únicamente puede ejercer funciones de seguridad privada el personal de seguridad privada, que estará integrado por los vigilantes de seguri-

dad y su especialidad de vigilantes de explosivos, los escoltas privados, los guardas rurales y sus especialidades de guardas de caza y guardapescas marítimos, los jefes de seguridad, los directores de seguridad y los detectives privados.

ARTÍCULO 28. REQUISITOS GENERALES

1. Para la obtención de las habilitaciones profesionales indicadas en el artículo anterior, los aspirantes habrán de reunir los siguientes requisitos generales:

a) Tener la nacionalidad de alguno de los Estados miembros de la Unión Europea o de un Estado parte en el Acuerdo sobre el Espacio Económico Europeo, o ser nacional de un tercer Estado que tenga suscrito con España un convenio internacional en el que cada parte reconozca el acceso al ejercicio de estas actividades a los nacionales de la otra.

b) Ser mayor de edad.

c) Poseer la capacidad física y la aptitud psicológica necesarias para el ejercicio de las funciones.

d) Estar en posesión de la formación previa requerida en el artículo 29.

e) Carecer de antecedentes penales por delitos dolosos.

f) No haber sido sancionado en los dos o cuatro años anteriores por infracción grave o muy grave, respectivamente, en materia de seguridad privada.

g) No haber sido separado del servicio en las Fuerzas y Cuerpos de Seguridad o en las Fuerzas Armadas españolas o del país de su nacionalidad o procedencia en los dos años anteriores.

h) No haber sido condenado por intromisión ilegítima en el ámbito de protección del derecho al honor, a la intimidad personal y familiar o a la propia imagen, vulneración del secreto de las comunicaciones o de otros derechos fundamentales en los cinco años anteriores a la solicitud.

i) Superar, en su caso, las pruebas de comprobación que reglamentariamente establezca el Ministerio del Interior, que acrediten los conocimientos y la capacidad necesarios para el ejercicio de sus funciones.

2. Además de los requisitos generales establecidos en el apartado anterior, el personal de seguridad privada habrá de reunir, para su habilitación, los requisitos específicos que reglamentariamente se determinen en atención a las funciones que haya de desempeñar.

3. La pérdida de alguno de los requisitos establecidos en este artículo producirá la extinción de la habilitación y la cancelación de oficio de la inscripción en el Registro Nacional.

4. Podrán habilitarse, pero no podrán ejercer funciones propias del personal de seguridad privada, los funcionarios públicos en activo y demás personal al servicio de cualquiera de las Administraciones públicas, excepto cuando desempeñen la función de director de seguridad en el propio centro a que pertenezcan.

Los miembros de las Fuerzas y Cuerpos de Seguridad podrán ejercer funciones propias del personal de seguridad privada cuando pasen a una situación administrativa distinta a la de servicio activo, siempre que en los dos años anteriores no hayan desempeñado funciones de control de las entidades, servicios o actuaciones de seguridad, vigilancia o investigación privadas, ni de su personal o medios.

5. Los nacionales de otros Estados miembros de la Unión Europea o de Estados parte en el Acuerdo sobre el Espacio Económico Europeo, cuya habilitación o cualificación profesional haya sido obtenida en alguno de dichos Estados para el desempeño de funciones de seguridad privada en el mismo, podrán prestar servicios en España, siempre que se acredite, previa comprobación por el Ministerio del Interior, que cumplen los siguientes requisitos:

a) Poseer alguna titulación, habilitación o certificación expedida por las autoridades competentes de cualquier Estado miembro o de un Estado parte en el Acuerdo sobre el Espacio Económico Europeo que les autorice para el ejercicio de funciones de seguridad privada en el mismo.

b) Acreditar los conocimientos, formación y aptitudes equivalentes a los exigidos en España para el ejercicio de las profesiones relacionadas con la seguridad privada.

c) Tener conocimientos de lengua castellana suficientes para el normal desempeño de las funciones de seguridad privada.

d) Los previstos en los párrafos b), e), f), g) y h) del apartado 1.

6. La carencia o insuficiencia de conocimientos o aptitudes necesarios para el ejercicio en España de funciones de seguridad privada por parte de los nacionales de Estados miembros de la Unión Europea o de Estados parte en el Acuerdo sobre el Espacio Económico Europeo podrá suplirse por aplicación de las medidas compensatorias previstas en la normativa vigente sobre reconocimiento de cualificaciones profesionales, de conformidad con lo que se determine reglamentariamente.

ARTÍCULO 29. FORMACIÓN

1. La formación requerida para el personal de seguridad privada consistirá:

a) Para los vigilantes de seguridad, vigilantes de explosivos, escoltas privados, guardas rurales, guardas de caza y guardapescas marítimos, en la obtención de la certificación acreditativa correspondiente, expedida por un centro de formación de personal de seguridad privada que haya presentado la declaración responsable ante el Ministerio del Interior o el órgano autonómico competente, o de los correspondientes certificados de profesionalidad de vigilancia y seguridad privada y guarderío rural y marítimo, que establezca el Gobierno a propuesta del Ministerio de Empleo y Seguridad Social, o del título de formación profesional que establezca el Gobierno a propuesta del Ministerio de Educación, Cultura y Deporte. En estos dos últimos casos no se exigirá la prueba de comprobación de conocimientos y capacidad a que se refiere el artículo 28.1.i).

b) Para los jefes y directores de seguridad, en la obtención, bien de un título universitario oficial de grado en el ámbito de la seguridad que acredite la adquisición de las competencias que se determinen, o bien del título del curso de dirección de seguridad, reconocido por el Ministerio del Interior.

c) Para los detectives privados, en la obtención, bien de un título universitario de grado en el ámbito de la investigación privada que acredite la adquisición de las competencias que se determinen, o bien del título del curso de investigación privada, reconocido por el Ministerio del Interior.

ARTÍCULO 48. SERVICIOS DE INVESTIGACIÓN PRIVADA

1. Los servicios de investigación privada, a cargo de detectives privados, consistirán en la realización de las averiguaciones que resulten necesarias para la obtención y aportación, por cuenta de terceros legitimados, de información y pruebas sobre conductas o hechos privados relacionados con los siguientes aspectos:

a) Los relativos al ámbito económico, laboral, mercantil, financiero y, en general, a la vida personal, familiar o social, exceptuada la que se desarrolle en los domicilios o lugares reservados.

b) La obtención de información tendente a garantizar el normal desarrollo de las actividades que tengan lugar en ferias, hoteles, exposiciones, espectáculos, certámenes, convenciones, grandes superficies comerciales, locales públicos de gran concurrencia o ámbitos análogos.

c) La realización de averiguaciones y la obtención de información y pruebas relativas a delitos solo perseguibles a instancia de parte por encargo de los sujetos legitimados en el proceso penal.

Exacto. El único profesional ajeno a la Administración del Estado capacitado para husmear en la vida privada de una persona es el detective privado. Como podrán ver, no es cuestión baladí, y la ley prevé una batería de requisitos que «ata en corto» al profesional, además de la consabida titulación universitaria específica: habilitación del Ministerio del Interior, seguro de responsabilidad civil, seguro de caución para hacer frente a las posibles sanciones de la Administración del Estado, inspecciones periódicas por parte de la Unidad Central de Seguridad Privada de la Policía Nacional y un largo etcétera.

Cuando usted contrata a un detective privado, está contratando a un legítimo profesional que velará tanto por sus derechos como por los de la persona investigada; que tiene obligación legal de reserva y confidencialidad en todo lo concerniente al asunto por tratar; que le aconsejará sobre el enfoque y viabilidad del tema; que conoce las técnicas necesarias para llevarlo a cabo y que, en contra de lo que se cree de forma habitual, le hará un presupuesto al alcance de la mayoría de las economías.

Si sospecha que su pareja le está siendo infiel y decide comenzar una investigación, lo más recomendable es acudir a un detective privado. Si está usted en España, solicite al profesional que le muestre su credencial (TIP) de estar en posesión de la habilitación legal del Ministerio del Interior, y si está usted en cualquier otro país, consulte e infórmese sobre la figura del detective privado en su demarcación. En cualquier caso, asesórese y compruebe que está ante un fidedigno detective privado antes de gastar su dinero y la oportunidad de conocer la verdad.

* * *

Para España, puede consultar el nomenclátor de los colegios profesionales de detectives privados, existentes en varias comunidades y con colegiados en todo el territorio nacional, o la Asociación Profesional de Detectives Privados de España (APDPE):

—Asociación Profesional de Detectives Privados de España (APDPE): https://www.apdpe.es/.
—Colegio Oficial Detectives Privados de Valencia: http://www.colegiodetectives.com/.
—Colegio Oficial Detectives Privados de Cataluña: https://www.collegidetectius.org/.
—Colegio Oficial Detectives Privados de Galicia: http://www.codega.es.

AVISO LEGAL

¿Aviso legal? Tal cual, es necesario. En función del punto del planeta en el que se halle, las técnicas que aquí se van a mostrar pueden resultar legales o ilegales, tan ilegales que le pueden ocasionar un problema con la Justicia y que pueden acarrearle, incluso, privación de libertad. Téngalo en cuenta. Si ya tiene o sospecha que puede tener un problema con su pareja, no se busque otro de mayor entidad. Créame, no le merecerá la pena.

La Ley 4/2014 de Seguridad Privada prevé sanciones para la persona que desempeñe funciones de personal de seguridad privada sin estar debidamente habilitada para ello, así como para aquel que contrate a un tercero para hacer labores de detective privado sin serlo:

ARTÍCULO 58. INFRACCIONES DEL PERSONAL QUE DESEMPEÑE FUNCIONES DE SEGURIDAD PRIVADA

El personal que desempeñe funciones de seguridad privada, así como los ingenieros, técnicos, operadores de seguridad y profesores acreditados, podrá incurrir en las siguientes infracciones:

1. INFRACCIONES MUY GRAVES:

a) El ejercicio de funciones de seguridad privada para terceros careciendo de la habilitación o acreditación necesaria.

b) El incumplimiento de las previsiones contenidas en esta ley sobre tenencia de armas de fuego fuera del servicio y sobre su utilización.

c) La falta de reserva debida sobre los hechos que conozcan en el ejercicio de sus funciones o la utilización de medios materiales o técnicos de tal forma que atenten contra el derecho al honor, a la intimidad personal o familiar, a la propia imagen o al secreto de las comunicaciones cuando no constituyan delito.

d) La negativa a prestar auxilio o colaboración a las Fuerzas y Cuerpos de Seguridad, cuando sea procedente, en la investigación y persecución de actos delictivos; en el descubrimiento y detención de los delincuentes; o en la realización de las funciones inspectoras o de control que les correspondan.

e) La negativa a identificarse profesionalmente, en el ejercicio de sus respectivas funciones, ante la autoridad o sus agentes, cuando fueren requeridos para ello.

f) La realización de investigaciones sobre delitos perseguibles de oficio o la falta de denuncia a la autoridad competente de los delitos que conozcan los detectives privados en el ejercicio de sus funciones.

g) La realización de actividades prohibidas en el artículo 8.4 sobre reuniones o manifestaciones, conflictos políticos y laborales, control de opiniones o su expresión, o la información a terceras personas sobre bienes de cuya seguridad estén encargados, en el caso de que no sean constitutivas de delito; salvo que sean constitutivas infracción a la normativa sobre protección de datos de carácter personal.

h) El ejercicio abusivo de sus funciones en relación con los ciudadanos.

i) La realización, orden o tolerancia, en el ejercicio de su actuación profesional, de prácticas abusivas, arbitrarias o discriminatorias, incluido el acoso, que entrañen violencia física o moral, cuando no constituyan delito.

j) El abandono o la omisión injustificados del servicio por parte del personal de seguridad privada, dentro de la jornada laboral establecida.

k) La elaboración de proyectos o ejecución de instalaciones o mantenimientos de sistemas de seguridad conectados a centrales receptoras de alarmas, centros de control o de videovigilancia sin disponer de la acreditación correspondiente expedida por el Ministerio del Interior.

l) La no realización del informe de investigación que preceptivamente deben elaborar los detectives privados o su no entrega al contratante del servicio, o la elaboración de informes paralelos.

m) El ejercicio de funciones de seguridad privada por parte del personal a que se refiere el artículo 28.3 y 4.

n) La comisión de una tercera infracción grave o de una grave y otra muy grave en el período de dos años, habiendo sido sancionado por las anteriores.

ARTÍCULO 59. INFRACCIONES DE LOS USUARIOS Y CENTROS DE FORMACIÓN

Los usuarios de servicios de seguridad privada y los centros de formación de personal de seguridad privada podrán incurrir en las siguientes infracciones:

1. MUY GRAVES:

a) La contratación o utilización a sabiendas de los servicios de empresas de seguridad o despachos de detectives carentes de la autorización específica o declaración responsable necesaria para el desarrollo de los servicios de seguridad privada.

b) La utilización de aparatos de alarmas u otros dispositivos de seguridad no homologados cuando fueran susceptibles de causar grave daño a las personas o a los intereses generales.

c) El incumplimiento, por parte de los centros de formación, de los requisitos y condiciones exigidos en la declaración responsable, o impartir cursos sin haberla presentado.

d) La negativa a prestar auxilio o colaboración a las Fuerzas y Cuerpos de Seguridad competentes en la realización de las funciones inspectoras de las medidas de seguridad, de los centros de formación y de los establecimientos obligados.

e) La no adecuación de los cursos que se impartan en los centros de formación a lo previsto reglamentariamente en cuanto a su duración, modalidades y contenido.

f) La falta de adopción o instalación de las medidas de seguridad que resulten obligatorias.

g) La falta de comunicación de las incidencias detectadas y confirmadas en su centro de control de la seguridad de la información y las comunicaciones, cuando sea preceptivo.

h) La contratación o utilización a sabiendas de personas carentes de la habilitación o acreditación necesarias para la prestación de servicios de seguridad o la utilización de personal docente no acreditado en actividades de formación.

i) La comisión de una tercera infracción grave o de una grave y otra muy grave en el período de dos años, habiendo sido sancionado por las anteriores.

j) La entrada en funcionamiento, sin previa autorización, de centrales receptoras de alarmas de uso propio por parte de entidades públicas o privadas.

k) Obligar a personal habilitado contratado a realizar otras funciones distintas a aquellas para las que se contrató.

De la misma forma, tenga especial cuidado con la privacidad de su *partenaire*. La ley puede proteger de forma especial sus comunicaciones de cualquier tipo, incluidas por supuesto las digitales, tales como programas de mensajería instantánea (WhatsApp, Telegram...), correos electrónicos, perfiles en redes sociales (Facebook, Instagram...) aplicaciones de citas (Tinder, Meetic, Badoo...), listado de llamadas en el *smartphone* y similares.

Legislación básica en este sentido:

CONSTITUCIÓN ESPAÑOLA. ARTÍCULO 18

1. Se garantiza el derecho al honor, a la intimidad personal y familiar y a la propia imagen.

2. El domicilio es inviolable. Ninguna entrada o registro podrá hacerse en él sin consentimiento del titular o resolución judicial, salvo en caso de flagrante delito.

3. Se garantiza el secreto de las comunicaciones y, en especial, de las postales, telegráficas y telefónicas, salvo resolución judicial.

4. La ley limitará el uso de la informática para garantizar el honor y la intimidad personal y familiar de los ciudadanos y el pleno ejercicio de sus derechos.

CÓDIGO PENAL. ARTÍCULO 197

1. El que, para descubrir los secretos o vulnerar la intimidad de otro, sin su consentimiento, se apodere de sus papeles, cartas, mensajes de correo electrónico o cualesquiera otros documentos o efectos personales, intercepte sus telecomunicaciones o utilice artificios técnicos de escucha, transmisión, grabación o reproducción del sonido o de la imagen, o de cualquier otra señal de comunicación, será castigado con las penas de prisión de uno a cuatro años y multa de doce a veinticuatro meses.

2. Las mismas penas se impondrán al que, sin estar autorizado, se apodere, utilice o modifique, en perjuicio de tercero, datos reservados de carácter personal o familiar de otro que se hallen registrados en ficheros o soportes informáticos, electrónicos o telemáticos, o en cualquier otro tipo de archivo o registro público o privado. Iguales penas se impondrán a quien, sin estar

autorizado, acceda por cualquier medio a los mismos y a quien los altere o utilice en perjuicio del titular de los datos o de un tercero.

3. Se impondrá la pena de prisión de dos a cinco años si se difunden, revelan o ceden a terceros los datos o hechos descubiertos o las imágenes captadas a que se refieren los números anteriores.

Será castigado con las penas de prisión de uno a tres años y multa de doce a veinticuatro meses el que, con conocimiento de su origen ilícito y sin haber tomado parte en su descubrimiento, realizare la conducta descrita en el párrafo anterior.

4. Los hechos descritos en los apartados 1 y 2 de este artículo serán castigados con una pena de prisión de tres a cinco años cuando:

a) Se cometan por las personas encargadas o responsables de los ficheros, soportes informáticos, electrónicos o telemáticos, archivos o registros; o

b) se lleven a cabo mediante la utilización no autorizada de datos personales de la víctima.

Si los datos reservados se hubieran difundido, cedido o revelado a terceros, se impondrán las penas en su mitad superior.

5. Igualmente, cuando los hechos descritos en los apartados anteriores afecten a datos de carácter personal que revelen la ideología, religión,

creencias, salud, origen racial o vida sexual, o la víctima fuere un menor de edad o una persona con discapacidad necesitada de especial protección, se impondrán las penas previstas en su mitad superior.

6. Si los hechos se realizan con fines lucrativos, se impondrán las penas respectivamente previstas en los apartados 1 al 4 de este artículo en su mitad superior. Si además afectan a datos de los mencionados en el apartado anterior, la pena a imponer será la de prisión de cuatro a siete años.

7. Será castigado con una pena de prisión de tres meses a un año o multa de seis a doce meses el que, sin autorización de la persona afectada, difunda, revele o ceda a terceros imágenes o grabaciones audiovisuales de aquella que hubiera obtenido con su anuencia en un domicilio o en cualquier otro lugar fuera del alcance de la mirada de terceros, cuando la divulgación menoscabe gravemente la intimidad personal de esa persona.

    La pena se impondrá en su mitad superior cuando los hechos hubieran sido cometidos por el cónyuge o por persona que esté o haya estado unida a él por análoga relación de afectividad, aun sin convivencia, la víctima fuera menor de edad o una persona con discapacidad necesitada de especial protección, o los hechos se hubieran cometido con una finalidad lucrativa.

DECLARACIÓN UNIVERSAL DE DERECHOS HUMANOS. ARTÍCULO 12

Nadie será objeto de injerencias arbitrarias en su vida privada, su familia, su domicilio o su correspondencia, ni de ataques a su honra o a su reputación. Toda persona tiene derecho a la protección de la ley contra tales injerencias o ataques.

PACTO INTERNACIONAL DE DERECHOS CIVILES Y POLÍTICOS, ARTÍCULO 17

1. Nadie será objeto de injerencias arbitrarias o ilegales en su vida privada, su familia, su domicilio o su correspondencia, ni de ataques ilegales a su honra y reputación.

2. Toda persona tiene derecho a la protección de la ley contra esas injerencias o esos ataques.

Otro punto que hay que destacar es el ya mencionado deber de confidencialidad. Este deber no solo afecta al profesional, también lo hace al cliente, que solo puede utilizar el informe del detective de forma legítima y sin dar publicidad, en ningún caso, del mismo. Recogido en los artículos 49.5 y 50 de la Ley de Seguridad Privada:

ARTÍCULO 49. INFORMES DE INVESTIGACIÓN

5. Las investigaciones privadas tendrán carácter reservado y los datos obtenidos a través de las mismas solo se podrán poner a disposición del cliente o, en su caso, de los órganos judiciales y policiales, en este último supuesto únicamente para una investigación policial o para un procedimiento sancionador, conforme a lo dispuesto en el artículo 25.

ARTÍCULO 50. DEBER DE RESERVA PROFESIONAL

1. Los detectives privados están obligados a guardar reserva sobre las investigaciones que realicen, y no podrán facilitar datos o informaciones sobre estas más que a las personas que se las encomendaron y a los órganos judiciales y policiales competentes para el ejercicio de sus funciones.

2. Solo mediante requerimiento judicial o solicitud policial relacionada con el ejercicio de sus funciones en el curso de una investigación criminal o de un procedimiento sancionador se podrá acceder al contenido de las investigaciones realizadas por los detectives privados.

En España ya contamos con varias sentencias que han llevado a prisión a personas que, por su desconocimiento o temeridad, han pasado estas líneas rojas.

Recuerde:

—Es muy posible que la legislación de su país le impida hacer seguimientos a personas, tomar fotografías o grabar en vídeo a alguien sin su consentimiento expreso, si no está habilitado de forma específica para ello.

—El ordenamiento jurídico internacional y las legislaciones nacionales protegen de forma férrea cualquier injerencia en la intimidad, imagen y comunicaciones personales de cualquier tipo.

—Las pruebas obtenidas de forma ilícita no se admitirán en sede judicial y pueden originar la incoación de un procedimiento penal contra la persona que las haya obtenido o la parte que las presente.

—Los datos y pruebas de cualquier tipo obtenidas en una investigación son confidenciales y en ningún caso se puede hacer publicidad de estos.

—Antes de actuar, infórmese de sus limitaciones legales y no asuma riesgos innecesarios con costes penales.

«GOTCHA!»

Como dice la canción del grupo cordobés Medina Azahara, *Todo tiene su fin*, y una investigación o un libro no van a ser menos.

Si se va a dedicar de manera profesional a realizar investigaciones, le deseo muchos éxitos, y algún fracaso, que también curten y son necesarios. Espero que en estas líneas haya encontrado orientaciones y técnicas que le ayuden en su desempeño profesional, y que, por supuesto, las mejore y elabore las suyas propias, a su medida. Como reza ese famoso dicho español: «Cada maestrillo tiene su librillo».

Si este libro ha caído en sus manos sin ningún objetivo definido, solo espero que le haya entretenido y haya hecho volar su imaginación, aunque comprendo que con la parte de legislación sea algo, digamos, complejo.

Si es usted, si eres la persona que sospecha que su pareja le está siendo infiel, ¿te soy sincero? Es posible que, tras leer estas páginas, hayas perdido las ganas de investigar, y te entiendo. Es más, es ya casi un éxito personal. Pero, a veces, por circunstancias variadas, no podemos hacer esa elección. La infidelidad puede tener muchos daños colaterales: emocionales, económicos, familiares... existenciales en el sentido más amplio de la palabra. Antes de que comiences tu investigación, voy a proponerte un ejercicio final. Imagina los dos escenarios posibles; hay infidelidad o no la hay. Medita sobre ambas posibilidades y elabora un plan de actuación lo más exhaustivo posible para cada caso.

Por último, me quedas tú, él o la infiel. ¿Te reconoces en alguno de los perfiles narrados? Es posible que, de forma al menos parcial, pertenezcas a alguno de ellos, y también es posible que tengas una buena historia que contar. La versión del infiel suele pasarse siempre por alto. Un reduccionismo bastante maniqueo, la verdad.

Para finalizar, me veo en la obligación de aclarar algo que igual tendría que haber puesto en primer lugar, pero a veces me pasan estas cosas. Por mucho que aparezca en el Evangelio de san Juan (8:32) *Veritas liberabit vos*, en mi opinión, la verdad, lejos de hacerte libre, te esclavizará y someterá hasta el fin de tus días. Una vez que conozcas la verdad, no habrá vuelta atrás...

Este libro se terminó de imprimir el 11 de noviembre de 2022. Tal día del año 1563, el Concilio de Trento promulga el Decreto Tametsi, que regulará hasta 1947 la forma del matrimonio canónico.